“十三五”国家重点出版物出版规划项目

徽州文物图录

·七·

杨永生 翟屯建◎主编

中国科学技术大学出版社

遗址墓葬

一 古遗址

城澜刘家商周遗址

位于黄山区耿城镇城澜村刘家自然村、新建自然村、金桥自然村等交汇处狮形山。占地面积7.8万平方米，海拔170米。出土陶片纹饰有方格纹、麻布纹、回纹、云雷纹、席纹、篦纹。陶质可分夹砂红陶、夹砂灰陶等，可辨器形有鼎足、豆、陶缸等，且有大量碎石。

典口遗址

位于休宁县齐云山镇典口村西南方平顶山顶。新石器时代遗址。现存呈长方形，南北长120米，东西长60米。表面平坦，封土为红褐色，地表采集的陶片上饰有方格纹等纹饰，还有简单的石器。

丁家山新石器时代遗址

位于黄山区乌石乡乌石村齐心组。占地面积约4.5万余平方米，暴露出的文化堆积层厚约1.2米，目前已发现石刀残片及夹砂红陶甗足。

董湾商周遗址

位于黄山区耿城镇饶村董湾自然村与甘棠镇十字畈村、河边自然村交界的丘陵台地上。占地面积12万平方米，海拔181米。于第三次文物普查中发现，文化层多分布在南北3个高台地上，出土文物有陶豆、石刀等，陶片以灰陶、红陶为多，且多硬陶，陶片文饰素面为多，伴以麻布纹、回纹、云雷纹、夔纹、臣字纹等；陶器含沙量较低，部分豆为原始瓷，并施有青釉。2009年被列为黄山区重点文物保护单位。

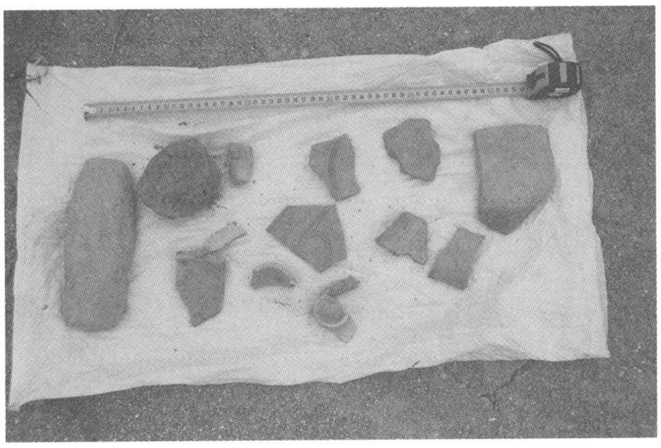

洞天福地遗址

位于休宁县齐云山镇齐云山风景区洞天福地景点，始建于明代。占地面积440平方米。原有三殿，依山形地势而建，自东至西依次为斗姆宫，奉斗姆女神；通明殿，奉玉皇大帝；青羊宫，奉老子。殿已毁。

方家园遗址

位于绩溪县华阳镇方家园村东，距龙川大道30米处。遗址的东边紧靠铁路，南、西、北三面为居民区，1981年10月，在兴建皖赣铁路附属工程时被发现，出土器物主要有磨制柳叶状石镞，有锻石锛、扁平石斧、石凿等，多数石器用鹅卵石加工而成，少数为页岩制作。器形不规整，但磨制较光滑。经专家鉴定，遗址的相对年代为新石器时代晚期。1982年被列为绩溪县重点文物保护单位。

福固寺遗址

位于黄山区黄山风景区夫子山至神仙洞途中右侧林麓，邻近送子桥。唐天宝六年(747)建寺，清光绪二十四年(1898)重修大殿，学者胡继瑗题额『福固』。现存左侧福固寺基址面阔10.2米，右侧关帝殿基址面阔8.4米，进深均为12.2米。房屋基础、天井、龛座保存较好。遗址处原立双面刻青石碑一块，分别为光绪三十一年(1905)刻《大藏碑记》和宣统三年(1911)刻《敕赐轩辕古刹碑记》，今迁于夫子山村外新修『轩辕古刹』院内。2013年被列为黄山风景区重点文物保护单位。

广阳碗口新石器时代遗址

位于黄山区太平湖镇广阳村碗口茶厂南1千米处(原碗口天桥处)，形成于新石器时期。占地面积3万平方米。2007年被发现，因这几年太平湖水位较高，遗址淹没，不能见遗址全貌。发现的主要器物有鼎足、镰形石刀、箭镞、石钺、石斧、锛等。

龟山遗址

位于绩溪县瀛洲镇仁里村西南500米处。占地面积约620平方米。所发掘的石斧和陶片，经鉴定为新石器时代遗物。

嚎啕庙遗址

位于祁门县历溪村北600米处。占地面积200平方米。原庙宇被毁，后人修建小庙一间，作为民间祭祀活动场所，庙内供奉菩萨和傩神。以往每年中秋时均要举行祭祀活动，现今逐渐淡化。

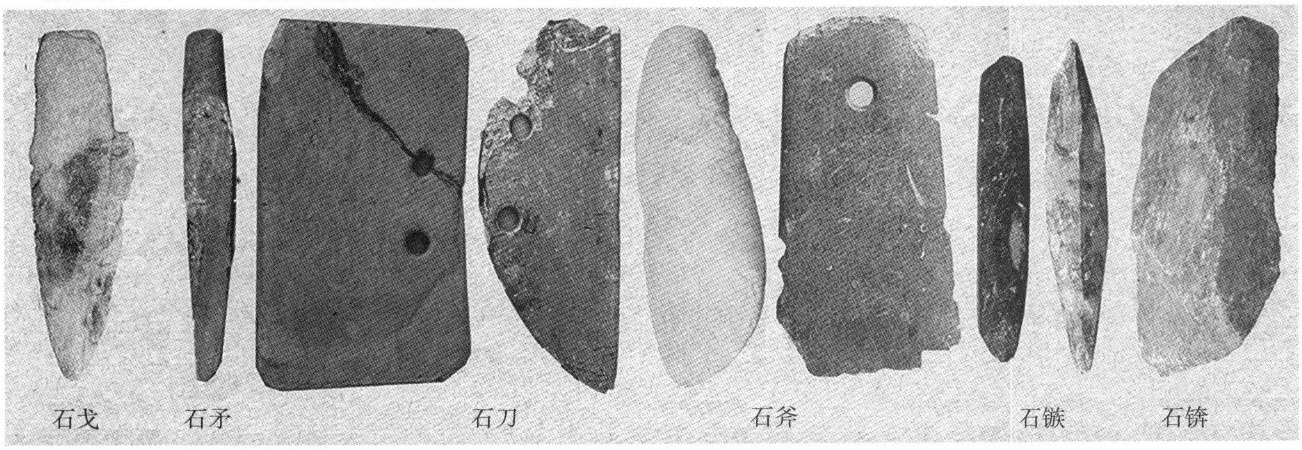

胡家村遗址

位于绩溪县长安镇胡家村村尾的一个小山坡上。新石器时代人类文化遗存。占地面积约5000平方米，1951年发现印文陶片、磨制石器等遗物多件。遗址呈不规则椭圆形，中间隆起，四周低缓，呈龟盖状。1961年被列为安徽省重点文物保护单位。

湖里陶瓷窑址

位于绩溪县临溪镇湖里村西北1千米处。宋代窑址。呈东西走向，遗物堆积范围约300平方米，主要为烧制青瓷，器形有碗、盘等。瓷釉有青釉和酱色釉，花纹装饰以素面为主，发现的碗、盘口沿刻成葵花式，碗和碗之间用8个长条支钉托起，痕迹明显，器物造型优美。

黄荆村新石器遗址

位于黄山区甘棠镇十字畈村黄荆自然村。占地面积11.3万余平方米，海拔183米。遗址为3个自然山丘组成的一个自然台地，文化堆积层厚1~2米，土质呈褐色，含大量红烧土颗粒，陶片等。主要器物有鼎足、甗足、砺石、网坠、罐口沿、鬲足等，陶制品主要有夹砂红陶、灰陶。

黄土岭恐龙蛋遗址

位于黄山区广阳乡黄土岭，南面紧靠太平湖。1995年初铜黄公路黄土岭路段施工时被发现。出土蛋化石的面积有近百平方米。出土的恐龙蛋化石，属于7500万年以前恐龙中鸭嘴龙类的蛋化石。蛋化石有扁圆形、橄榄形两种，扁圆形直径为10~12厘米，橄榄形长18厘米，径6~7厘米。总共出土有5~6窝，数十枚，省、区二级仅收藏20余枚。恐龙蛋化石遗址当时在安徽省是首次出土，为1995年安徽省重大考古发现之一。2017年被列为黄山市重点文物保护单位。

将军埠遗址

位于歙县深渡镇绵潭村新安江边，建于明代。明代抗倭英雄汪瓒荣归故里祭祖，族人为其叠石成埠，迎将军登岸，始称将军埠。该埠头大部分保存完好，但大多数石阶被水淹没。现上部存有十余级石阶，顶部平台面积9平方米。

蒋家山新石器遗址

位于黄山区甘棠镇、耿城镇交界地段。是一处高台山坡地，高于四周10米左右。现存遗址面积约7万余平方米，海拔182米，为皖南最大一处新石器时代古人类遗址。1957年被发现。文化部门曾多次对遗址进行调查、复查，采集石器、玉器、陶器、陶片近千件。1998年被列为黄山市重点文物保护单位。

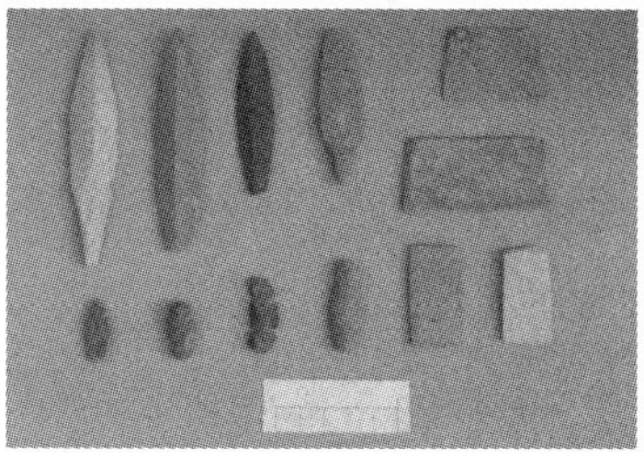

孔灵窑址

位于绩溪县临溪镇孔灵村东北1千米处。宋代窑址。沿山坡而建，堆积物主要分布在山坡上，占地面积约610平方米。采集的遗物有青瓷碗、盏等。瓷釉有酱色釉、青釉，花纹装饰以素面为主，一些碗、盏口沿刻成葵花式，碗和碗之间用5~12个长条支钉托起，器物造型优美。

来龙山新石器-商周遗址

位于黄山区乌石乡乌石村秀石自然村来龙山。形成于新石器至商周时期。占地面积10.19万平方米。采集标本有鼎足、网坠、盆底、小石块等。陶制品有夹砂陶、灰陶、硬陶等。纹饰有篦纹、云雷纹、绳纹等。未发现文化层，只采集到少量商周时期标本。估计遗址大部分在水中。

李家山新石器时代遗址

位于黄山区乌石乡夏村金星组，距今4000～5000年。占地面积4万余平方米，文化堆积层厚1.5米左右，从中发现大量的石器、陶片和红烧土块。石器有斧、石镞、铲、矛、钺、锛、网坠等；陶片主要以红陶为主，并有少量灰陶、黑陶，陶片上的纹饰主要是拍印纹，具有典型的良渚文化特征。新石器时代晚期遗址。2008年被列为黄山市重点文物保护单位。

刘家窑址

位于祁门县塔坊乡高源村樟源组村外下首茶坡地上。坐北朝南，青石封填。其所在处现为农户茶园、菜地，占地面积约600平方米。在窑址周边发现有匣钵碎片等。明代古窑址。

龙凤壁瓷土矿遗址

位于祁门县平里镇平里村北约4千米的独山上。占地面积约2万平方米。清代因在此矿址取瓷土为慈禧太后烧制『龙凤呈祥』御床而得名『龙凤壁』。原系露天矿，瓷土由水路供应景德镇烧制瓷器，现遗址已荒废，日久积水成潭。

梅花群山商周遗址

位于黄山区耿城镇饶村梅花群山最东部的两个伸出的小型岗地上。占地面积2.9万平方米，海拔186米。文化层层厚10～45厘米，采集陶片等标本有夹砂红陶、夹砂灰陶、印纹硬陶等，纹饰有席纹、弦纹、云雷纹、方格纹、素面等。可辨器形有豆、泥条、盆底、罐口沿、鼎足、圆形石器等。

皮篷遗址

位于黄山区黄山风景区光明顶以东壑谷中。明崇祯年间，僧一心建兜率庵，"庵宇以杉树皮盖顶，故名皮篷"。清康熙二十八年（1689），僧雪庄入黄山居此至终。康熙三十三年（1694），歙县人汪辉为雪庄在此筑云舫。今仅存遗址，塝基层叠，占地面积约300平方米。

齐云山老庙遗址

位于休宁县齐云山镇齐云山风景区云岩湖景点。占地面积390平方米，背靠山体，呈半圆形，长30米，最宽处13米。内有大量散落的石块等建筑构件，中心位置有断残红砂石佛像1尊及功德碑1块，山体石壁上有许多方形凿洞。

齐云山唐代窑址

位于休宁县齐云山镇西侧玄天大道口。窑址呈半圆状，上面为当地居民的菜园地和水田，曾发现瓷片、碗等遗物。1986年被列为休宁县重点文物保护单位。

饶家塝商周遗址

位于黄山区甘棠镇十字畈村饶家塝自然村。占地面积8万平方米，海拔171米。核心面积约3万平方米。文化层土质呈黑灰色，较松且软，包含物较少，有器足、夹砂灰陶、麻布纹硬陶，纹饰有米格纹、回形纹、绳纹、素面等。

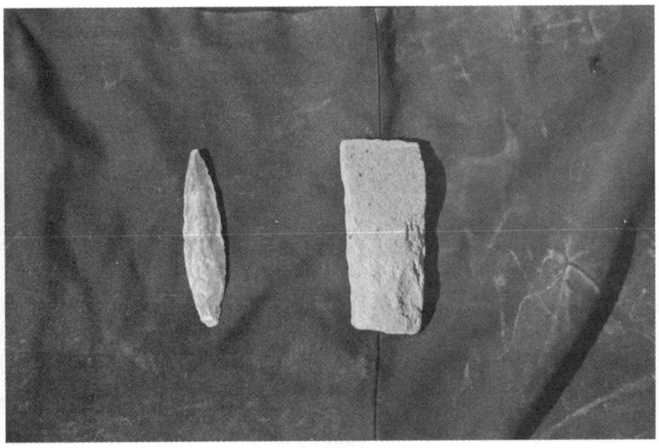

上曾遗址

位于祁门县安凌镇赤岭村上曾组村口公路一侧田地内。占地面积约2万平方米，最初为1983年村人曾紫林建窑时发现，当地村民曾挖掘出石箭镞、石斧、陶片等物。普查小组于2009年10月进行野外调查时发现。

狮形山商周遗址

位于黄山区甘棠镇甘棠社区狮形山南部坡地上。坐北朝南，占地面积3万余平方米，海拔172米。是典型的聚落遗址，有新石器和商周两种文化因素，采集的陶片标本有鼎足、盉把、鬲足、甗流等。2009年被列为黄山区重点文物保护单位。

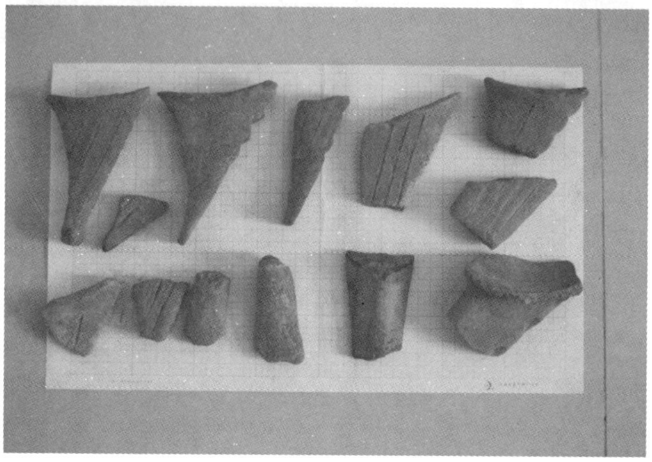

十亩园瓷窑址

位于绩溪县华阳镇北门外1千米处的一个斜坡上，建于五代。南北走向，长约40米，宽约20米，以烧造青瓷为主，同时也烧造酱釉和黑釉瓷，窑旁原有一水塘，窑址被破坏，现村民在窑址上种了农作物，地表瓷片不多。

石门寺遗址

位于休宁县齐云山镇齐云山风景区云岩湖内石桥岩景点，始建于唐元和四年（809），后陆续加建。占地面积70.98平方米。共有三殿，中殿供奉释迦牟尼，右殿供奉观音，左殿供奉杨令公。殿已毁。

太后坑瓷土矿遗址

位于祁门县金字牌镇庄岭村三源组南侧山坡脚下。因瓷土曾用于烧制慈禧太后的御床，故名『太后坑』。1953年，在景德镇瓷土展销会评比上，『太后坑』获第一名，现已闲置荒弃。2012年被列为祁门县重点文物保护单位。

太子山遗址

位于歙县富堨镇方家村北300米处，新石器时代遗址。占地面积约2000平方米。出土文物有陶片、石刀、镞、斧、锻石锛、凿、网坠及亚腰形石器。陶片以夹砂褐陶为主，纹饰有少量弦纹和刻划纹，有宽扁形鼎足、陶杯等。2006年被列为歙县重点文物保护单位。

桐子山遗址

位于徽州区岩寺镇朱坊农场（渔场），为新石器时代遗址。占地面积10.4万平方米。遗址为一片台地，四周水田，面积约1万平方米。1980年出土新石器时期遗物石斧、石锛、石凿、石镞、刮削器、石网坠、各式陶鼎足、陶器口沿、陶纺轮等。2008年被列为黄山市重点文物保护单位。

团箩山商周遗址

位于黄山区耿城镇饶村与甘棠镇十字畈村饶家塝自然村交会处。占地面积5万余平方米，海拔189米。文化堆积层厚80~100厘米，黑红色土壤，内有少量夹砂陶片、硬陶、红烧土颗粒，土质呈沙性，有一定黏性。系商周遗址，延续到汉代。

弯头山商周遗址

位于黄山区新城区北部。占地面积6000平方米，海拔178米。出土陶片有印纹硬陶，少量夹砂陶，豆、甗、罐残片及砍石器等，纹饰有云雷纹、席纹、绳纹、方格纹等。黄山区博物馆现藏三级文物陶斝系该遗址出土。

五里汉代古遗址

位于黟县碧阳镇五里村村后的一个丘陵地上。整个遗址大多种植桃树，部分未开垦的地上长满杉树、松树及杂草。占地面积约4万平方米，文化堆积层厚0.5～1米。1987～1988年发掘出土的汉代遗物有陶罐及陶片等。文化层土质较纯净，基本为土黄色，与本地生土颜色接近，发掘的遗物为汉代夹砂泥陶罐。

西峰寺遗址

位于祁门县闪里镇西峰山。唐光化二年(899)，县人郑传为僧人清素建卓锡亭及庙院百余间。吴天祐八年(911)，清素圆寂，其徒建清素塔，置师骨于塔下。清嘉庆十七年(1812)及道光十四年(1834)两次大修。后圮，遗有铜鼎、铁笛、锡杖，现仅存塔基、庙址等及石碑十余块。2017年被列为黄山市重点文物保护单位。

霞间窑址

位于绩溪县华阳镇霞间村距村口约300米处，始建于五代。占地面积8万平方米，均竖向修建在土丘上，属于龙窑系，文化堆积层厚1～2米不等，其产品种类繁多，以瓷器为主，瓷釉分青瓷和黑瓷两种。1989年被列为安徽省重点文物保护单位。

下冯塘遗址

位于歙县富堨镇下冯塘村南200米处。新石器时代周遗址。占地面积约5000平方米。文化堆积层厚约1米。1994年试掘，出土新石器时代遗物陶片、石镞、刀、锛等。陶片以夹砂红陶为主。2006年被列为歙县重点文物保护单位。

仙王山庙遗址

位于黄山区三口镇白果树村仙王山山顶，建于清代。占地面积409平方米。原名『仙皇殿』，宋嘉定僧宗传建。东有大佛殿罗汉堂，两殿中间有小阁，祀文昌帝君。现残存麻石质地的条石、护塝、地基、墙砖等，寺庙轮廓依稀可见。

祥符高山坡新石器—商周遗址

位于黄山区永丰乡祥符村高山坡，原祥符码头沿岸东北2千米处。形成于新石器时代至商周时期。海拔约100.2米。采集标本有陶器类如鸭嘴形鼎足、豆把、豆盘、陶缸残片等，纹饰有素面、席纹、篦纹等，陶质可分为夹砂红陶（砂为石英类质）、黑皮泥质红陶（坚硬）、印纹硬陶等；石器类如石锛、石凿、石刀、箭镞、石镰、网坠、杈状砺石等。

巷口瓷窑址

位于绩溪县瀛洲镇仁里村西北1千米处，占地面积约2200平方米。从瓷器残片来看，为五代宋时期生产，窑体沿着山坡而建，为龙窑。从窑址采集的标本看，有瓷碗、壶、钵等，文化堆积层厚度不详。从出土的器物看，与霞间窑、孔灵窑釉色及器物基本相同。

小岩遗址

位于徽州区岩寺镇石岗村小岩自然村南500米处，唐至清古寺庙遗址。占地面积1.5万平方米。此处为丹霞地貌，有巨岩突兀雄奇，形如覆屋。唐会昌元年(841)因岩建寺，清同治以后废圮为地，今仅存遗址。2017年被列为黄山市重点文物保护单位。

新馆窑址

位于歙县桂林镇新馆村瓦片山。北宋窑址。占地面积约4000平方米，依山而建，为龙窑。2008年9月发现于绩黄高速3标段连接线上，主要出土陶器和青瓷，器型有碗、壶、杯、碟、钵等，窑具有垫圈、垫柱等。釉色青灰，深浅不一。

新州遗址

位于歙县徽城镇北关村西北2千米处，新石器时代至宋遗址。占地面积约1.5万平方米。文化堆积层厚1~2米。1984~1998年发掘，出土新石器时代遗物陶片和单刃砍砸器、钻孔石刀、石锛、凿、镞、网坠。陶片有夹砂灰黑陶、泥质灰胎黑陶等。2008年被列为黄山市重点文物保护单位。

许村曾国藩战壕

位于祁门县历口镇许村来龙山上茶地内。系清咸丰年间曾国藩部在历口所筑防御战壕。东西走向，形状仍清晰可见，长约800米，宽约4米，深约3米。

圆通庵遗址

位于祁门县箬坑乡榉根岭脚下水库边。占地面积约600平方米，现已荒芜。遗址内遗存有明崇祯三年（1630）寂虚禅师墓和碑、明万历丁丑年（1577）榉根岭造庵茶亭碑铭、奉宪示禁碑（残）、清嘉庆十六年（1811）重修圆通庵记事碑、清康熙三十四年（1695）记事碑等。

云谷寺遗址

位于黄山区黄山风景区钵盂峰下。云谷寺，一名掷钵禅院。原为歙县人汪图南书院，明万历三十八年(1610)寓安禅师到此募建禅林。康熙至道光年间迭设戒坛，咸丰年间毁于流寇，宣统三年(1911)毁于火灾。此后，李法周居士从旁捐筑数椽。僧隆光接住，募化十载，仅立大殿数柱。民国三十二年(1943)，建成『五间房』。1967年失火损毁。现存寺前基址，占地面积约400平方米。部分花岗岩基础、护栏、台阶、石幢、石槽、石鼓及灵锡(锡杖)泉等尚在。

查家商周遗址

位于黄山区耿城镇金桥村查家、浦溪河与浮丘河交汇处河套地域山坡地上。2003年9月建耿城药厂时被发现。南高北低，中有面积3000平方米的中心台地，为自然山体铲平后形成。整个遗址面积8万余平方米，海拔180米，文化层厚1～2米。出土文物有陶豆、石刀、砺石、石镞、纺轮、双系陶罐、盉、月牙形制陶工具等；陶片以灰陶、红陶为多，陶片文饰素面为多，伴以麻布纹、回纹、云雷纹、勾云雷纹、夔纹、臣字纹等；陶器含沙量较低，部分豆为原始瓷，并施有青釉。2009年被列为黄山区重点文物保护单位。

张埂商周遗址

位于黄山区张家埂村张埂自然村。占地面积20万平方米，海拔182米。由西向东，由高至低向婆溪河延伸，遗址被张埂村包围。公路南侧发现文化层，厚0.5~2米，斜坡堆积。土质坚硬，色泽黑红。有印纹硬陶、石片、红烧土颗粒等包含物。西部有厚度为1.5米左右的汉代文化层，出土有粗绳纹半圆形瓦。

中共南山支部遗址

位于黄山区谭家桥镇东黄山村南山自然村，建于清代。一进三开间带厢房二层建筑。占地面积44.16平方米，高约6.7米，建筑面积230平方米。木架结构穿斗式，板壁墙，圆柱方梁。1931年2月，中共安徽省委派组织员刘震到徽州指导建党工作，同月在莒莆田、南山和高山一带建立3个党支部，发展党员32人，这是黄山最早成立的中国共产党组织。

中共皖南特委机关旧址

位于屯溪区屯溪老街69号，建于清末。占地面积153平方米。三进砖木结构二层建筑。前店后宅。前店原为『合记春』药店，后屋为皖南特委机关驻地。1987年修复后对外开放。二楼展览室有60余幅照片、100余件文字资料以及12件实物。1995年被列为『黄山市爱国主义教育基地』，2012年被列为安徽省重点文物保护单位。

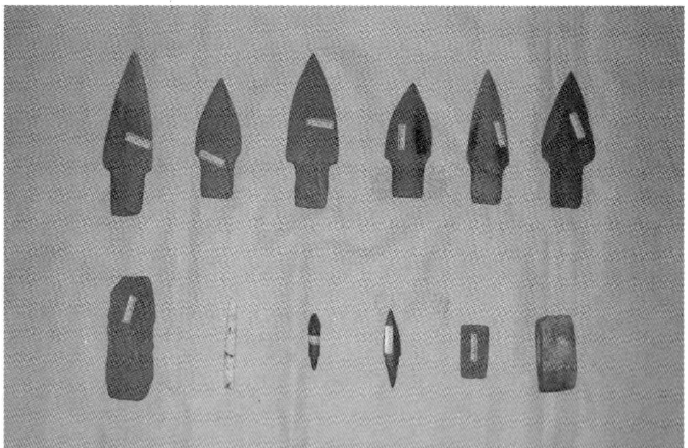

中土坑新石器遗址

位于祁门县凫峰乡凫坑村中土坑组一土坡上。占地面积2000多平方米，为村民江文政发现。2004年2月省考古研究所进行试掘，出土石器有矛、镞、斧、锛、铲、网坠等，陶器分泥质陶和夹砂陶，器形有鼎、鬲、罐、盆、豆、纺轮等，经鉴定为新石器时期遗址，距今5000年左右。2004年被列为安徽省重点文物保护单位。

忠烈庙遗址

位于歙县许村镇箬岭村荣坦岭头。『忠烈庙』又称『汪公庙』，建于元末。坐北朝南，通面阔18.1米，通进深8.8米，占地面积158.4平方米。庙内有碑5块，损坏严重。

众家山新石器-商周遗址

位于黄山区太平湖镇铜黄公路旁。占地面积2万余平方米。1970年，陈村水电站建成蓄水，遗址大部分被淹没。旱季水位下降时，遗址仍可露出水面，地面可见大量石器和陶器等遗物。1993年被发现。采集标本有磨制石斧、石刀、石铲、石锛、石镞、网坠等石器30余件，陶器和原始青瓷器豆、尊、壶、纺轮等完整器皿10余件，红、灰印纹陶片100余件。从标本看，石刀多为双把石刀，出土的网坠有大有小，均为本地砾石制作。双把石刀和大网坠，在皖南古遗址中少见。2008年被列为黄山市重点文物保护单位。

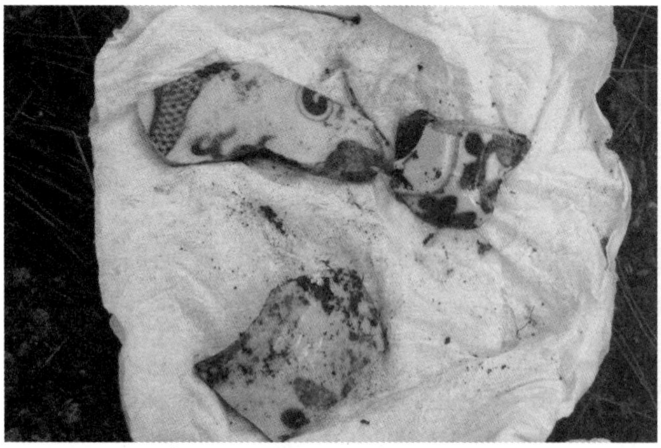

周王庙遗址

位于黄山区焦村镇郭村石下组，建于晚清。面呈长方形，桃岭古道从遗址西南两侧通过，东侧护塝，塝上是悬崖。核心区面积398平方米。有残香炉一个，铭文为：『光绪□□□年冬周王庙□□□第于陈天赐。』西南角功德碑一块，字迹不清，遗址内残垣断壁，内部有大量的条石、砖瓦等。

二

古城墙

保安门

位于婺源县城东北部，与东溪隔河相望，俗称『小北门』。明嘉靖四十五年（1566）始筑石城墙，同时建有城楼和月城（瓮城）；清光绪二年（1876）最后一次修葺。目前保存有城门洞，以及100多米长青石叠砌成的城墙。高4米，宽3米，厚2.5米。整体以青石质大石块砌筑，规整、细腻、大方。城门嵌入城墙，与城墙连为一体，有城门洞曲折弯绕，通达县衙。此地河岸岩石陡峭，位置险要，历史上曾多次发生城池攻防战斗，故亦有诸多传说故事。2005年被列为上饶市重点文物保护单位。

潮水门

位于歙县徽城镇中和街西门，始建于隋代，历代皆有维修。红麻石制成，高约3.5米，宽2.25米，深3.57米，占地面积27.3平方米。2006年被列为歙县重点文物保护单位。

德胜门

位于歙县徽城镇中和街东首，始建于隋代，历代皆有维修。红砂岩石砌筑，原有瓮城，现城洞已被拆，仅存两边城墙，残长23米，残宽3.5米。原系徽州府城的东门。2006年被列为歙县重点文物保护单位。

徽州古城墙

位于歙县徽城镇，系徽州府城城墙和歙县县城城墙组成的古城墙。东面倚临问政山，依山守险；南、西、北三面临水，南面和西面为练江，北面为扬之河，两河相连，构成徽州城墙的天然护城河。整体地势呈东高西低的状态。2017年被列为黄山市重点文物保护单位。

临溪门

位于歙县徽城镇大北街。始建于隋代，历代皆有维修。系府城的北门。门朝西北开，红麻石制成。宽3.2米，高3米，深6.2米。门洞上有『临溪门』三字。

瑞虹门

位于婺源县城南门。濒临星江河，与婺女像对望。婺源县城三面环水，一面靠山，昔日城墙依次开有八门，分别为『锦屏』『瑞虹』『环带』『嘉鱼』『宝婺』『弦歌』『璧月』『保安』，现仅剩『瑞虹』『保安』二门。瑞虹门为县城南门，高6米，宽5米，厚4.5米。明嘉靖四十五年(1566)始筑石城墙，同时建有城楼和月城(瓮城)；清光绪二年(1876)最后一次修葺。今尚存的城门洞和城墙长10米，厚6.4米，高4.66米。整体以大石块垒砌，顶设城垛，中间开设城门洞，以方便出入。2005年被列为上饶市重点文物保护单位。

问政门

位于歙县徽城镇问政村问政山上，建于明嘉靖年间。系古歙县城东门。红砂岩石砌拱门，门洞外宽2.2米，内侧宽2.9米，进深6.7米，高约3.8米。外低内高，中间原装有城门。城墙残高约7米，两侧城墙护壁已拆毁，仅留夯土墙基。2006年被列为歙县重点文物保护单位。

新安门

位于歙县徽城镇上路街北端，建于明嘉靖年间。系古歙县城北门。门洞为红砂岩石砌拱门，外侧宽2.5米，内侧宽3.2米，进深7米，高约4米，城墙高约8米。原清代『古歙新城』青石门额镶嵌于城门之上。2006年被列为歙县重点文物保护单位。

三 古道

白际岭古道

位于休宁县东南边陲。古称『徽开古道』，即徽州到浙江开化的通道，北起休宁县榆村乡岭脚村，东至浙江省淳安县中洲镇泰夏村，全长约25千米，是古时徽、浙商旅必经之路。白际山脉属天目山脉向西南延伸部分，白际岭海拔1208米，古道途经高山峡谷，十分险峻。

必吉岭古道

位于黄山区永丰乡、青阳县和泾县交界处，是太平古道北线主入口，始建于明代。系当地郡守征调民众开辟的通往沿江、中原的战略要道，同时也是连接古徽州府和安庆府的重要官道，徽商兴起后，更是成为粮食、盐和山产的运输要道。现存道路长2.5千米，宽约1.5米，花岗岩条石铺设，道路陡峭，蜿蜒曲折，现基本保存完好。2017年被列为黄山市重点文物保护单位。

沧山源古道千步云梯

位于歙县昌溪乡昌溪村东北部，建于清末。沧山源整个村落酷似『燕窝』形，故又名『燕窝山庄』。进村的一段石板路没有石板，取『燕不离泥』之意。1.5千米长的山路共有4个亭子，山脚为振亭，山顶为孝子亭。

赤岭古道

位于祁门县安凌镇和历口镇之间，是徽池古道的一个支线。古道始地历口镇为祁红创始地，环砂村为目连戏故里，赤岭为『千层锅』的发源地。

丛山关古道

位于绩溪县扬溪镇北部，处于天目山脉与黄山山脉结合部。因丛山四合，中有通道，居高临下，地势险要而得名。明代官府曾在此垒石为关，上置楼橹，下设铁门，屯兵驻守，按时启闭。丛山关原为永安镇，为歙州、宣州两地的界关。明末将领金声、江天一曾率兵扼守此关，清军屡攻不克。20世纪30年代先后修建芜湖至屯溪公路和皖赣铁路，关口遂被毁。

大洪岭古道

位于祁门县大坦乡，从燕窝组至安凌镇鸦坑组，道路以青石板铺就，宽3～4米，是著名的徽安古道。古时为徽州与池州的分界线，也是阊江与秋浦河的分水岭。明万历元年(1573)前，南坡上岭以今大坦老岭之月形为起点，万历后以燕窝里为起点。大洪岭最后一次重修为清道光元年(1821)，耗资数万金，历时6载，终使危途成坦道。现岭头仍留存清代以碑为墙的古迹。2012年被列为安徽省重点文物保护单位。

大连岭古道

位于歙县，西毗连休宁县榆村乡，东靠连岭山脉的浙江省淳安县，又称『大连岭』。主峰海拔1395.7米。山岭呈南北走向，有上20里、横20里、下20里的『60里连岭』的说法，故有『江南第一岭』之称，主峰高大奇特。相传明太祖朱元璋曾在此地驻兵，有啸天龙、躲风石等遗迹。

洞天福地古道

位于休宁县齐云山镇齐云山风景区洞天福地遗址旁。由红砂石铺成，长200米，宽2.2米。整条路时而平地，时而台阶，其西起点处立一红砂石碑，刻题建造年代为民国三十一年(1942)。

谷雨岭古道

谷雨岭又称『万岁岭』，据传为朱元璋征战皖浙两省时的一条古道，有着一山跨两省占三县（歙县、遂安县、淳安县）的说法。1976年11月初，古道天堂村发掘出元代墓，出土元代石雕11方，其中墓志碑记1方，浮雕装饰石10方，被鉴定为国家一级文物。

环联凹古道

古代徽州歙南至绩溪前往旌德、宁国挑粮要道，歙县北岸镇的白杨村到绩溪县必经之路，歙南有不少支道在白杨村汇合，由白杨走环联凹到绩溪石榴村，再由石榴村到临溪、旌德、宁国。古道石板上雕刻有莲花形状的图案，相传这段道路是岭上莲花庵尼姑出钱所建，所以她们在这段道路的石板上刻上一朵朵精美的莲花图，一直延伸到莲花庵门口，起到指示作用。

黄山登山古道

位于黄山区黄山风景区，初始于唐代，形成于明清，发展于民国，完善于当代。现有温泉至慈光阁至玉屏楼，玉屏楼至光明顶至北海，温泉至汤岭关至小岭脚，温泉至紫云峰至云谷寺，苦竹溪（黄山胜境坊）至云谷寺，云谷寺至白鹅岭至北海，北海至西海，二龙桥至芙蓉岭至北海，夫子山至福固寺遗址至轩辕峰及其他分布古道。总长约40千米，石阶3.6万余级。与磴道同步开发建设的有慈光寺、松谷禅林、钓桥庵、排云亭、渡仙桥等。2013年被列为全国重点文物保护单位。

翚岭古道

位于绩溪县城西北，南起绩溪县城西门，过来苏桥、高迁、越翚岭、镇头、浩寨、分界山接旌德道。全长36千米。石板路，宽2～2.5米。古为徽、宣、池通道，亦是绩溪县岭南、岭北通衢，约15千米的翚岭路段是翚岭驿道的精华。

徽饶古道

系休宁鹤城乡右龙通往瑶里、浮梁等地的古道，始建于唐代。均用长1米余的青石板条铺砌而成，是古徽州通往饶州等地的必经之道。2012年被列为休宁县重点文物保护单位。

回岭古道

位于皖赣交界五龙山沟谷。连接婺源县段莘乡裔村与休宁县陈霞乡回溪村，全长约12千米。裔村分为上下村，为典型的徽州古村落。作为婺休古道一段的回岭古道，从裔村穿村而过，沿溪水蜿蜒而上，往左跨过溪水过岭脚亭、半岭亭至回岭洞。回岭海拔742米，坳口有一拱形石门洞。过回岭直下，全石板路到休宁回溪，再通至五城。昔时，婺北一带去休宁、屯溪、齐云山，常经此道。2005年被列为婺源县重点文物保护单位。

甲路古道

位于婺源县西北部，由清华至严田、甲路。因修筑良好，被称为甲级道路，简称『甲道』。古街至今保存1000多米青石板铺筑的路面。2005年被列为婺源县重点文物保护单位。

榉根岭古道

位于祁门县箬坑乡仙寓山，为著名的徽池古道，从山脚起沿山腰由青石板铺设至榉根关岭头，古道长约2500米，青石板长约1.4米，宽约0.4米。古道自南而北，沿路有圆通庵和启源、玉泉、继保、古稀4座茶亭遗址及各类记事碑7块。越岭即为榉根岭关隘遗址，以石块垒筑，长200余米，高米余。清咸丰十年（1860），曾国藩驻营祁门，太平军数次越岭而入，两军多次于此激战。2012年被列为安徽省重点文物保护单位。

岭路

位于休宁县齐云山风景区五老峰东南侧。系由渠口方向进入齐云山的通道，从紫云关东北出口一直延伸至五老峰景点和方腊寨景点的分岔口，全长近1.5千米，宽1.2米，由红砂石板依地势铺就，平路和上下坡交替。

梅花岭古道

黄山区谭家桥镇至箬岭关的要道，在箬岭关与箬岭古道重合。主要路线是谭家桥镇、黄山茶林场、岭脚村、骑龙庵、八里岗、十五里亭、箬岭关、歙县。

平鼻岭古道

位于皖赣交界处。连接婺源县沱川乡塘岖与休宁县桐子岭脚石屋坑，全长约12千米。因山体陡峭，后面人攀爬时鼻梁碰上前面人脚跟而得名。古道始修建于宋代，当年为了修建岭头竹峰庵而修建。明正德年间，江西宁王朱宸濠叛乱，竹峰庵成为他们的联络点。叛乱平定后，竹峰庵被彻底拆毁，古道也被悉数拆除。后来人们重新修建了平鼻岭古道。主要景点有平鼻岭风光、碉堡遗址、战壕、立石、双溪头等。2005年被列为婺源县重点文物保护单位。

齐云山登山古道

位于休宁县齐云山镇岩脚村西入口至望仙亭间。东北至西南走向，依山势而建，时而平坦，时而陡峭，全长约4.5千米，用红砂岩条石铺就，宽1.65~1.7米。两侧局部有低护栏。

齐云山后山登山道

位于黄山市休宁县齐云山镇齐云山风景区白云岩景点至齐云山镇坞口村坞溪组间。为齐云山登山道之一，整体呈东南至西北走向，依山势蜿蜒而筑，时而平缓，时而陡峭。全部为红砂岩材质，全长约3千米，石阶长为0.8~1.2米。

箬岭古道

位于歙县许村镇箬岭古道（歙县段），又名『古官道』，始建于隋代。以歙县许村为起点，至与黄山区谭家桥镇交界的『箬岭关』，全长20千米。多为石板道，石面光滑，路宽1~2米。沿途有保存完好的古亭、古祠、古桥、古道、古民居等。2017年被列为黄山市重点文物保护单位。

色岭古道

旌德县白地镇高甲村至歙县许村镇许村的古道，长20千米，始建于隋朝，为郡守征调民众开辟的通往沿江、中原的战略要道。明代仍是连接古徽州府和安庆府的重要官道。徽商兴起后，更是成为重要的粮食、盐和土特产的运输要道。古道上遗存有古人依附山体用石块修建的半圆山洞，如星子洞、旺子洞、天星洞等，供行人休憩。

石门岭古道

位于黟县柯村镇宝溪村，岭头以西是祁门，岭头以北是石台，岭头以东是黟县。徽池古道的一个支线，是当年去往贵池、安庆、九江、芜湖的必经之路。现存古道的起讫点分别在宝溪村埠头自然村和石台县横渡镇琏溪村石坑自然村。

塔岭古道

位于休宁县南部。属徽饶古道系列。塔岭又名得胜岭，为休婺分界。明正德八年（1513），婺源县令唐勋率众战胜桃源洞草寇，改名得胜岭。古道婺源境起自溪头乡上溪头村，由此越休宁境的之璜茅、山斗、西田，至五城，古道长约10千米，均由青石板铺就，为旧时婺源通往徽州又一重要通道。至今保存完好，依然保持原生态风光。

谭公岭古道

位于婺源县东部。旧时婺源去徽州府，均须过五岭（谭公岭、对镜岭、羊斗岭、塔岭、新岭）。谭公岭原名『金竺岭』，在县城东37.5千米处，江湾村西边。明万历三十二年（1604）知县谭昌言允准江湾生员江起潜、江旭奇等之请，倡导集资，带头捐款，征调民工，凿山采石；历经一年多，终于修成近20千米长、2米宽的沿途没有凉亭的青石板路。2005年被列为婺源县重点文物保护单位。

桃岭古道

位于黄山区乌石乡桃源村桃岭，建于清代。占地面积2万平方米。又称『乾隆古道』。青条石铺砌，宽约2米，长约10千米，共有3个路亭，现均毁。

陶岭古道

位于黟县碧阳镇赤岭村，始建设时间不详，清末重新修建，现保留有清同治十三年(1874)立的『古黟官路』石碑。系黟县通往祁门的古代官道，全长约6千米，宽约2.5米，路面由花岗岩条石铺成。道路两旁竹木青翠，山鸟啼鸣，山沟溪水潺潺。2016年被列为黟县重点文物保护单位。

西宏古道

位于黟县宏村。从西递镇鸳鸯谷出发，途径西坑、杨家棚、潘家驿站，到达宏村镇奇墅湖，连接两处世界文化遗产。原为池州府、徽州府与宁国府的重要通道，是宁池古道中的一段。全程长8.2千米，有石板路、木栈道、跨水踩町处等多种形式，沿线有单孔石拱桥一座、三孔石拱桥一座、涵桥一座、石亭一个、石拱洞一个。古道蜿蜒曲折，穿过树林，跨过集滩，可眺远景，风景极佳。2016年被列为黟县重点文物保护单位。

西武岭古道

位于祁门县和黟县交界处，岭南为祁门，岭北为黟县，因地处武亭山与西屏山之间而得名。唐代凿石为盘道，宋朝黟县人黄葆光继而开拓，始有石磴。西武岭历史上为皖赣等六省交通要道，为黟县商旅自黟县往来祁门、景德镇，远至闽、粤、赣的必经之路。西武岭垭口海拔377米，岭头以石条建成四方石亭，迎路横跨，供人休息。亭门东西两侧分别嵌『东来紫气』和『西武雄关』两块石额。亭旁有一株古松，苍劲挺拔，屹立巍然。

逍遥岭古道

位于绩溪县伏岭乡东部，又称『江南第一关』。为徽杭古道的一个重要关隘，是古时候联系徽州与杭州的重要纽带和桥梁，也是徽商进入江浙的要道和捷径。西起绩溪县伏岭镇，东至浙江省临安市马啸乡，位于清凉峰国家级自然保护区北侧，全长25千米，保存最完整的一段是绩溪县境内的盘山石阶小道，是逍遥岭的精华所在。

休龙古道

位于歙县石门乡石门村，始建于明代。由休宁县城至淳安县龙山街，现仅存歙县石门—啸天龙—浙江连岭脚段，长约20千米。大部分由青石板铺成，路宽1～1.5米。起点在歙县石门乡往南机耕路约1.5公里处。沿途地势由北至南逐渐升高。5千米后，古道在狮石公路石门林场工区处中断，沿公路往东行200米之后，继续走台阶向上。在山脊上行走5千米之后进入浙江地界下山。2017年被列为黄山市重点文物保护单位。

休婺古道

位于休宁县陈霞乡。又称『回岭古道』，属『徽饶古道』系列。系古代休宁至婺源的官道，休宁境内西起藤溪古渡口（今陈村古渡口），全长约8千米，路面宽2.5米，休宁境内长约3.5千米，青石板铺就，有『上七下八』之称。古时，藤溪（今陈村）有七省通衢之称，它既是官道的主要驿站，又是新安江上游三大水运码头之一。据史料记载，北宋嘉祐三年（1058），婺源裔村汪姓为唐末由休宁回岭迁入，后繁衍成为当地望族。由于两地族人的走动，便有了古道的雏形，以至成了两地人劳动生产、联姻和经济往来等主要通道。明代中期以后，这条古道成为婺源人外出经商的首选之路，曾商旅辐辏，人流如织，沿途设有许多驿站、路亭和茶棚等。后经商发迹的裔村人捐银元三万多两，将沿途全用青石板铺砌。

羊栈岭古道

位于黟县北部，西接牛泉山，东连风茅岭，是宁池古道的重要关隘，也是过去黟县至太平县（今黄山区）的交通要道。起始于黟县古城的临漳门，过通济桥，沿麻田街、鱼鳞塝，经石村、秀里、龙蟠桥，至北庄街入宁池古道到扁担铺达太平县界，全长有25千米。路宽均达2米，其中羊栈岭段山道上七（里）下八（里），两边的岭路全部由花岗岩条石板铺砌，每隔一段路就设置一级又宽又长的台阶，方便人们往来行客避让或者休憩之用。

杨桃岭古道

旌德县西乡至绩溪县要道，是宣城、南陵、泾县、旌德等产米地区将稻米运入徽州的重要通道。荆棘丛生，行者艰焉，绩溪县旺川村曹世科独力修砌石板路，遂成康庄。古道上建有拱天济美石亭。

右龙岭古道

位于休宁县西南部三江（钱塘江、富春江、新安江）源头的群山峡谷中，始建于唐代。属徽饶古道系列。起点为鹤城乡右龙古桥，终点为江西省景德镇市瑶里镇。是古代长江以北通往徽州、饶州等地的客商必经之道，故又称『徽州大道』。全程15千米左右，路面均用长约1.2米青石板铺砌而成。

昱岭关古道

由徽州府(歙县)城南门出发，经渔梁，过新安关、琳村、鲍家庄稼、南源口、章祁、大佛、北岸、七贤、后山铺、苏村、齐坞、杞梓里、三阳、叶村、老竹铺、老竹岭脚、界山，往前走就是浙江的颊口、昌化、藻溪、青山、余杭、北关门到杭州府。

浙岭古道

位于休宁县板桥乡与婺源乡交界处。系古徽州通往饶州的驿道，连接婺源县浙源乡岭脚村和休宁县板桥乡漳前村，全长约20千米。始建于唐代，均用长约1.3米青石板条铺砌而成，以满足当时官员八抬大轿和马匹安稳通过。南通湖广，北连江浙，素有七省通衢之称。浙岭顶是春秋时期吴国与楚国的分界地，有『吴楚分源』界碑、堆婆冢、同春亭等古迹。古路、古亭、古庙、古桥等建筑完好，古道上风景优美，环境古雅，沿途断崖峭壁林立，崇山峻岭，自然风光秀丽。2005年被列为婺源县重点文物保护单位。

四 古墓葬

长沙王吴芮墓

位于婺源县镇头镇冷山亭村西南的鸡山上，建于西汉。吴芮，秦时任鄱阳令，秦末率粤人起兵，支援刘邦兴业，后被封为衡阳王，改封长沙王，死于长沙，葬于游汀。墓有三座，高25～27米，直径40～50米，宛如冈峦兀起。墓与墓相距约百米。一墓前立碑石两方，一为『雍正十一年岁次癸丑孟冬月』所立，刻有『汉长沙王讳芮谥文吴公之墓』；一为『乾隆二十八年秋月』所立，上刻『汉初吴文王芮墓』。墓室前有封石，左右方石加固，周围为青石罗砌。2005年被列为上饶市重点文物保护单位。

稠墅墓葬群

位于歙县郑村镇稠墅村红山。墓葬时代为两汉南北朝。分布在山冈上，占地面积约1万平方米。砖室墓较多。曾出土铁器残件和泥质红陶或灰陶的壶、罐及圆仓、灶模型，陶器上有弦纹和方格纹，耳上有叶脉纹。1988年被列为歙县重点文物保护单位。

戴国公左匡政将军纪念墓

位于黄山区龙门乡秀湖村戴家自然村村头东南戴家山半腰山背处，建于唐贞观十八年（644）。为山中石灰岩石砌成，水泥勾缝。拜堂式，南高北低，依山而建，北为圜丘，为冢，南为平台阶，为拜堂，正中立有纪念碑。

戴震墓

位于休宁县商山镇双桥村，建于清代。坐南朝北，地面封土堆高1.5米，墓前有其子嗣所立的青石碑一块，上有『隆阜戴氏，皇清特赐进士出身，敕授文林郎翰林院庶吉士，先考东原府君，先妣朱氏孺人合墓』等字样。墓前有红砂岩长条石砌成的约20平方米的享堂，墓室由护栏杆围护。1981年被列为安徽省重点文物保护单位。

芳坑明墓

位于歙县坑口乡芳坑村前山，建于明代。张氏祖墓。墓外围有石矮墙，圆形封土，高约2米，底径约4米，为石砌，顶部为一直径1.2米的大圆石。墓前有墓碑，高0.5米，宽1米，两侧用石柱，上盖石雕屋檐，下为石供台。前有半月形祭台。

胡昌翼墓

位于婺源县紫阳镇考水村外黄杜坞，建于北宋乾德年间。俗称『太子墓』。坐西朝东，系考水胡氏始祖墓，直径3.9米，高1.45米，墓顶是一幅『太极图』，墓周八面分别用纹饰花砖和刻有八卦符号的青砖砌成，形制独特。墓前立有一方青石古碑，刻阴文篆书『始祖明经胡公之墓』，碑座左右分别镌有篆书『明经胡氏』『三延并茂』的字样。保存完好。2005年被列为上饶市重点文物保护单位。

胡清墓

位于婺源县紫阳镇考水村后山山脚，为考水胡氏义祖胡三公（本名胡清）之墓，建于北宋初年。1996年8月，由明经公下各派裔孙重修。墓基呈三角形，砖石砌筑。封土堆积成半圆形。墓基正中竖原碑一块，上刻『大唐义祖胡三公墓』。墓前有青石台阶十余级。墓基加墓前平坦，总占地面积约600平方米。2005年被列为婺源县重点文物保护单位。

胡元龙墓

位于祁门县平里镇贵溪村西北约3000米的麦段山上。坐北朝南，占地面积60平方米，由祭台、墓冢、墓碑、墓志组成，系三棺合葬墓，墓碑于1989年重立。

渐江墓

位于歙县徽城镇河西西干山上，建于清初，1982年大修。新安画派大师渐江墓，墓旁有梅数十棵，又称『梅花古衲墓』。占地面积20平方米。有墓碑、墓志、祭台、石栏等。1986年被列为安徽省重点文物保护单位。

康永韶墓

位于祁门县芦溪乡碧桃与曲坞交界处的朱家山。坐北朝南，由内围的坟茔和外围的石垒圈组成，规模宏大。坟茔由7层石块垒成的石砲、摆堂和坟堆组成，墓地全长14.5米，宽9米。其墓为弘治皇帝谕葬，墓碑上刻有『加议大夫、礼部右侍郎康公炎八府君之墓』字样。

凌右文墓

位于休宁县溪口镇碜溪村碜溪自然村以西官印山半山腰，建于清代。石室墓，占地面积200多平方米，墓室呈弧状，上有青石墓碑，刻墓主名、建造年代、立碑人等信息。建有三层拜台，高低落差10余米。墓四周筑青石扶杖，拜台外有青石护栏杆。墓主凌右文(?—1743)，为清康乾年间经商并寄籍华亭(上海)的巨贾，因艰嗣而培育孤侄凌如焕成才。

明文林郎王君雨泉墓

位于祁门县新安乡高塘村查源组后山菜地。坐东朝西，占地面积148平方米。明万历元年(1573)墓碑文记载有子、媳、孙女、次孙女等若干人生卒年月，应系家族合迁葬墓。墓为石板结构，石刻花纹，原有石牌坊，现已失。

倪康民墓

位于祁门县渚口乡大北村管驿坦寅山（兹张公路东侧）120米山坳中。坐东朝西，由拜坛、祭台（墓志铭）、墓冢、墓碑组成。墓地宽4.6米，深7米，占地面积32.4平方米。系渚口倪氏始迁祖唐检校兵部尚书倪康民公之墓，明万历庚寅孟夏吉旦裔孙重修。2012年被列为祁门县重点文物保护单位。

绍岭谢家冲汉墓群

位于黄山区新华乡绍岭村谢家冲自然村，形成于春秋时期。占地面积2.5万平方米。迄今发掘罐、壶、石质辟邪1对，翁仲石像1个，双系盘口壶1件（灰陶质，敞口，折颈，鼓腹，圆底，颈部以下弦纹，双系为兽纹），双耳罐1个（灰陶，敞口，尖唇，平底，席纹，圆钮）。墓葬多砖椁，墓较大，出土的墓葬多被破坏，现残存墓基一个，平面呈长方形，宽2米，长3.5米。墓葬群由谢家冲向南延伸，西探入太平湖，其余在丘陵地上。

苏雪林墓

位于黄山区永丰乡岭下村必吉岭的山坡上。占地面积85平方米。墓四周为大理石护栏。墓前一块大石碑上书『流芳千古』;另一块墓碑上书『苏雪林教授之墓』,碑后书『棘心不死,绿天永存』。2014年被列为黄山区重点文物保护单位。

棠樾鲍氏始祖墓

位于歙县郑村镇棠樾村前街存爱堂与掌书园之间,约建于元初,清康熙十九年(1680)重修。为南宋鲍氏始祖鲍荣夫人的墓园。族谱上称『掌书园宋始祖妣荣孺人墓』。坐北朝南,南北长35米,东西宽16米,红砂岩门檐石柱,砖门罩,门额上题『鲍氏始祖墓』。墓位偏北,圆形石砌墓冢,后有靠山碑,朝东。下有台基,围以石栏,有台阶登临。墓北新辟一座鲍氏寻根碑园。2013年被列为全国重点文物保护单位。

汪绂墓

位于婺源县段莘乡金坑村洋边自然村，建于清代。系清著名学者汪绂（号双池，1692—1759）的墓地，坐东朝西，直径4米，封土高1.5米，前处存有墓碑两方，一方刻『双池汪公之墓』，另一方刻『鸣之汪公墓』。安葬于乾隆三十八年（1773），由徽州学使朱筠撰写墓表并作铭，歙县增生闵道隆篆额隶书。其子汪思谦，字鸣之，附葬于墓侧。2005年被列为上饶市重点文物保护单位。

汪华墓

位于歙县徽城镇北关村云岚山上，始建于唐代。墓依山南向，前临布射水，后倚来龙山，左右有群山扶持，远处以西干山为屏。依地形建有巨大的环形扶手，中为圆形封土，墓前原有拜台、神道、翁仲、牌坊等，均毁于『文革』期间。现存遗址和部分门屋，门屋内保存有两通清代部宪禁碑。占地面积约5000平方米。2012年被列为安徽省重点文物保护单位。

汪由敦墓

位于休宁县溪口镇木干村北，建于清代。墓主汪由敦（1692—1758），休宁溪口人，清代名臣，官至太子太傅、军机大臣、吏部尚书。坐北朝南，背倚峰峦，面临率水，四周群山环抱，占地面积570平方米，有三层拜台和石墓道。入口处耸立一对6米多高的石华表，华表前石碑坊已毁，拜台两侧陈列石人、石马、石虎、石羊各一对。土坑木椁墓，封土堆的前基部顺山势用石头砌成一个半圆形。1989年被列为安徽省重点文物保护单位。

王璧墓

位于祁门县闪里镇湾坦（现名铜锣湾）。坐北朝南，由墓道、拜台、墓冢三部分组成，占地面积约130平方米。为王璧与章氏、程氏、周氏三位夫人合葬墓。清同治《祁门县志》将其误列入唐墓，实为五代十国吴（天祐）时墓葬。2008年被列为黄山市重点文物保护单位。

王茂荫墓

位于歙县雄村镇航步村岑山渡后山上，建于清末。面对渐江，坐北朝南。正面宽6米，深5米，占地面积30平方米。其墓门已由后代用水泥封砌。无文字。

王氏墓

位于休宁县鹤城乡新安源村茶源山组水放莲花山半山腰，建于明代。坐北朝南，由青石垒砌，一层拜台立抱鼓石，墓碑下部雕刻麒麟图案，碑文刻『生于天顺，殁于正德』等字。

王氏悬棺墓

位于祁门县历口镇历溪村北来龙山的莲花形土坡上。为王明贤、王周先、王文先夫妇等墓葬群。建于清雍正八年(1730)，系多棺合葬墓，墓碑、墓冢、祭坛仍保存完好，规模较大。青石板砌成，形制规整，修墓时为了防潮，用铁链将棺材悬空吊在墓室内。

王琠墓

位于祁门县历口镇历溪村后的来龙山上。墓碑为清康熙三年(1664)王氏后裔所立，现仍保存完好，坟冢较为简朴，用卵石垒砌而成，占地面积约30平方米。2008年被列为黄山市重点文物保护单位。

吴仁欢墓

位于祁门县小路口镇晨光村乌门组。坐北朝南，外观简朴，墓碑为近代吴氏后裔修建，名曰『建县长史吴公之墓』。占地面积约10平方米。墓旁原建有吴长史祠，后毁于五代兵火。1985年，吴氏后裔将其墓整修一新。

西峰寺和尚墓

位于祁门县闪里镇港上村西峰寺遗址约500米处乾山上。坐北朝南，由拜坛、祭台、墓冢、墓碑组成，占地面积36平方米。祭台墓志铭由青石垒筑，上载僧人三人，逝于清乾隆、嘉庆年间，字迹因风化模糊不清，墓碑一组三块。

萧昌明墓

位于黄山区黄山风景区北海至松谷庵途中，邻近三道亭。占地面积约80平方米。花岗岩块石砌筑墓冢，平面呈正五边形，内穴外室，墓顶以石板拼盖，主体已坍塌。内穴平面呈方形，拱券结构，石条规整平滑，拱顶石镌『无囗』二字。墓前设拜台。2013年被列为黄山风景区重点文物保护单位。

叶公孟婆墓

位于歙县溪头镇蓝田村，建于唐开元年间，系蓝田叶氏始祖叶孟与夫人萧氏合墓。椭圆形，有清嘉庆年间的古石碑。2006年被列为歙县重点文物保护单位。

伊坑余氏始祖墓

位于徽州区西溪南镇坑上村伊坑自然村，建于清代。坐南朝北，占地面积86.69平方米。普通墓葬。圆形，官帽式石砌，后高前低，当中圆顶。前为拜台，圆顶后部靠内圈有墓碑，字为竖排三行，碑文『皇清乾隆三十四年十二月，妣儒人，清故先祖天明戈氏，考府君余公，已山亥向加巽乾』。

詹成圭墓

位于婺源县浙源乡沱口村，建于清代。徽墨名家詹成圭墓。2005年被列为婺源县重点文物保护单位。

詹初夫人汪氏墓

位于婺源县浙源乡庐坑村前山脚。坐东朝西，墓体呈椭圆形，现保存较好。2005年被列为婺源县重点文物保护单位。

詹初墓

位于婺源县浙源乡庐坑村。坐北朝南，占地面积近300平方米，由坟肚、马巷、坟堂、坟手、墓碑等组成。主墓用青石铺成，坟手外层为大团圆圈，马巷前是一块坟堂，整体保存较完整。詹初系江南詹氏始祖，至今每年都有分布世界各地的詹氏后裔前来进行祭祖扫墓等活动。2005年被列为上饶市重点文物保护单位。

詹天佑祖母墓

位于婺源县浙源乡庐坑村庙上自然村，与江南詹氏始祖詹初墓相距50米左右。该墓葬为合葬墓（朱氏和汪氏），现保存完整。2005年被列为婺源县重点文物保护单位。

詹应甲墓

位于婺源县浙源乡虹关村后山。坐东朝西，整体呈椭圆形，其封门面刻有林则徐撰写的墓志铭，现整体保存较完整。2005年被列为婺源县重点文物保护单位。

张曙曾祖父母墓

位于歙县坑口乡芳坑村，建于清光绪五年(1879)。坐西南朝东北，前山谷，后山脊，左高山峻岭，右平脊。四周为桑园庄稼地。明堂不宽，坟门石塝、坟顶石塝保存完好。

张曙祖父母墓

位于歙县坑口乡芳坑村，建于清光绪二十五年(1899)。坐西北朝东南，四柱三间结构，坟门及石塝保存完好。

郑之珍墓

位于祁门县渚口乡清溪村西北1.5千米的圣堂坞山坡上。坐西朝东，建于明万历壬子年(1612)，呈椭圆形，长14.7米，宽8.7米，占地面积142.6平方米。系明代剧作家郑之珍夫妇的合葬墓，西侧开口进入墓地。整个墓地分墓冢、祭坛、拜台三部分，墓长4.4米，宽4米，墓冢后靠墙围处有高1.47米、宽0.64米墓碑一块。1989年被列为安徽省重点文物保护单位。

周氏祖茔

位于休宁县蓝田镇迪岭村周村组村尾山坡上，分散地坐落于来龙山(土名)半山腰，建于清代。一层为拜台，最下一冢立佛手，后立墓碑，上刻墓主、立碑人及立碑时间等信息，墓冢前嵌『维新周氏祖茔』青石碑。

朱瓌墓

位于婺源县紫阳镇新建村，婺源博物馆背后，建于宋代，2008年重修。朱瓌，又名古僚，字舜臣，原居歙县篁墩，为歙州衙内指挥使。唐天祐三年(906)奉歙州刺史陶雅之命，领兵三千镇守婺源，后举家定居婺源。南宋淳熙三年(1176)，朱熹归婺源时，率族人将祖墓地索回，伐石崇土，重新修葺，并修撰婺源茶院朱氏世谱，以先祖朱瓌为婺源朱氏始祖，定为一世。占地面积近800平方米。墓基呈圆形，封土堆成弧形，墓碑上刻『一世祖茶院府君夫妇合墓』。墓前空地宽敞，周围环境幽静。2006年被列为江西省重点文物保护单位。

朱熹四世祖墓

位于婺源县中云镇官坑村后文公山半腰，建于宋代。朱熹四世祖朱惟甫妻程氏豆蔻夫人墓。墓呈圆形，封土堆成弧形，高1.65米。墓碑刻『显祖妣夫人程氏之墓，承教郎裔孙熹立』。南宋淳熙三年(1176)朱熹从福建回婺源，祭扫各处祖墓。在祭扫此墓时，作《归新安墓表》，还在墓围植下杉树24棵(现仍存16棵)。墓边有『寒泉精舍』等。2005年被列为上饶市重点文物保护单位。

石刻壁画

板石潭石刻

位于黄山区仙源镇水东村石桥组，建于明代。占地面积200余平方米。现存字迹清晰的诗文有五首，如明太平知县刘元凯诗曰：『移怀就西山，鱼鸟来争酒，呼童分一瓢，化作天边斗。』此镌刻纵横均约4米。1984年被列为黄山市重点文物保护单位。

昌溪禁渔碑

位于歙县昌溪乡昌溪村水口南侧50米昌源河边，立于明代。石质碑身，高1.13米，宽0.53米，厚0.13米。碑身正上书『禁渔』，字体高0.42米，宽0.3米。上款为『上至门前堨』，下款为『下至坎坑口』，字体为仿宋，字高0.08米，宽0.05米。凹体碑刻，字迹清晰。

长庆寺塔彩绘

位于歙县西披云峰麓。长庆寺塔又称『河西寺塔』，原长庆院址前，北宋宣和元年（1119）邑南满田张应周创建，距今已有900余年历史。塔七层，高23.1米。底层为石须弥座，边长5.28米，高2.34米。每层高度自上而下逐层递减，各层飞檐向外伸展，塔体四面辟有券门，门内置石雕莲花瓣佛座。第二层以上各层，墙面中间均用青砖砌成隐出窗券，每个券门都有不同形状的佛像壁画故事。内容一般为佛道造像和故事等，有着明显的唐宋壁画特征，又有着徽州民间世俗化风格，显示出宗教和徽州民间文化的融合。目前壁画为民国维修时重描，西北面壁画清晰可见，东南面因受夏季雨水侵蚀已经模糊不清。

『长寿古里』题刻

位于婺源县清华镇洪村，嵌于洪村入村口的八字牌楼拱门洞上。阳刻行书大字，无款识。长1.4米，宽0.5米，高0.7米。据考证，此青石碑创立于清嘉庆十五年（1810），传说为嘉庆皇帝手书，且与『千叟宴』有关。2005年被列为上饶市重点文物保护单位。

澄观

位于黄山区黄山风景区温泉『大好河山』下方，题刻于清嘉庆十年(1805)。刻于石上。纵0.6米，横1.3米。落款为『嘉庆乙丑立秋日仲卿汪士栻题』。2013年作为黄山摩崖石刻群的组成部分被列为全国重点文物保护单位。

词客留吟

位于黄山区黄山风景区丞相源溪中云谷寺遗址前，题刻于清代。刻于石上。纵0.6米，横2米。清乾隆四十年(1775)，俞传声任黄山巡检司巡检。落款为『传声书』。2013年作为黄山摩崖石刻群的组成部分被列为全国重点文物保护单位。

丛林寺壁画

位于歙县绍濂乡小溪村东南。丛林寺又称『小溪院』，始建于唐太和五年（831），北宋宣和四年（1122）徙建于此，明天启六年（1626）大修，清同治七年（1868）重修，为歙县第十丛林，又称『桂溪寺』。现大殿影壁背面绘有一幅高2.6米、宽4.16米的水墨壁画，由于粉墙磨损过甚，画作已漶浸不清，从残留墨迹中，可见仙佛人物、云林胜境。在大殿后壁、侧壁上绘有白描观音像24幅，俱为圆形构图，直径0.67米，有童子拜观音、渡海观音、侧坐观音等形象，除其中一幅外都绘有山水花树背景，画面线条流畅，构图精妙，人物风姿怡态，眉目传情，为壁画中之佳作，然皆无款识。传说为明代画家丁云鹏所绘。

大洪岭碑亭

位于祁门县大坦乡大洪岭头。碑亭宽约2米，由8块石碑砌成；两头深约3米，各由4块石碑组成，以青石碑为墙。碑亭上下镶有石条以固定。如今碑亭已圮，石碑大多犹存，碑文附有大量捐款人名单、商号、数量。

岱宗逊色

位于黄山区黄山风景区玉屏峰。刻于象石。纵0.66米，横2.06米。2013年作为黄山摩崖石刻群的组成部分被列为全国重点文物保护单位。

丹井

位于黄山区黄山风景区温泉景区，歙县人汪道昆题于明万历十一年（1583）。刻于白云溪丹井石上。纵0.6米，横1.5米。2013年作为黄山摩崖石刻群的组成部分被列为全国重点文物保护单位。

奉宪养生碑

位于婺源县清华镇洪村，嵌于洪村入村口的八字牌楼左右两侧砖墙上。高1.2米，宽0.8米；镌有『嘉庆十五年四月二十七日立』，但无题款，无法考证题写者。2005年被列为婺源县重点文物保护单位。

奉宪永禁赌博碑

位于婺源县清华镇洪村，嵌砌于村门八字墙上，立于清嘉庆十五年（1810）。青石碑身，高1.45米，宽0.84米；碑刻字体为双钩文隶书。碑上另刻有『民国丁丑』加禁年月，字体为阴文宋体。2005年被列为婺源县重点文物保护单位。

福固寺碑

位于黄山区三口镇汪家桥村龙袭公墓东北侧山坡上，立于清末。占地面积0.5平方米。青石质，长1.72米，宽0.88米，厚0.04米，四周刻有云龙戏珠图案，中间为记事铭文。

高溪桥碑

位于休宁县鹤城乡新安源村高坑组村中央地带，立于明天启七年（1627）。共2通石碑，其一高1.5米，宽0.8米，碑额题『高溪桥』，四周雕卷云纹，记载修建高溪桥村民的捐资情况；其二呈长方形，高1.75米，宽0.9米，上题『高溪浩□济桥碑』等。

公议茶规碑

位于婺源县清华镇洪村，嵌于洪村宗祠『光裕堂』右侧外墙门口边。青石碑身，高1.38米，宽0.62米，刻字楷书体，阴文。旧时洪村盛产松萝茶，买卖兴隆。为规范茶叶市场，公平交易，清道光四年（1824）五月初一，洪村光裕堂耆老、乡约、保甲长等共同订立规条，勒石刻碑。其碑文略曰：『……货价高低，公品公买，务要前后如一。凡主家买卖客，毋得私情背卖。如有背卖者，查出，罚通宵戏一台，银五两入祠，决不徇情轻贷。倘有强横不遵者，仍要倍罚无异……』2005年被列为婺源县重点文物保护单位。

孤坟总祭碑

位于休宁县鹤城乡左右龙村右龙组村东150米大路旁。青石碑，高1.65米，宽0.65米，厚0.1米。上阳刻『孤坟总祭』，左侧刻立碑人等信息。

鼓楼石碑

位于绩溪县华阳镇适之街老干局院内，立于明嘉靖四年（1525）正月十日。碑为红岩石质，高2.3米，宽0.97米，厚0.18米。碑额中央镌小篆『绩溪县鼓楼记』六字。碑文主要是阐述鼓楼在民间的作用以及捐赀募工者姓名和相关事情。鼓楼现已不存。

观音山石造像

位于休宁县商山镇下阜村观音山半山腰。明代造像，共2尊，黄麻石材质。左侧为如来造像，高1.3米，端坐于莲花座（宽0.8米，高0.4米）上，双手合掌；右侧为观音造像，高1.75米，立于须弥座（宽1.6米，高0.9米）上，右手捻一串佛珠。

观止

位于黄山区黄山风景区玉屏峰小心坡。刻于石上。落款为『乾隆乙酉再登天都，书二字于峰顶，今刊此两相向焉。黄鲁峰』。纵1.6米，横1.45米。2013年作为黄山摩崖石刻群的组成部分被列为全国重点文物保护单位。

盥手捧日

位于黄山区黄山风景区丞相源溪中，今云谷水库下方，题刻于清乾隆三十三年(1768)。刻于石上。纵0.8米，横1.8米。落款为『乾隆戊子年九月滇南徐硕士题』。2013年作为黄山摩崖石刻群的组成部分被列为全国重点文物保护单位。

虎头岩

位于黄山区黄山风景区温泉景区，歙县人罗愿题刻于南宋。刻于虎头岩石上。纵1.2米，横0.4米。2013年作为黄山摩崖石刻群的组成部分被列为全国重点文物保护单位。

花山摩崖石刻

位于屯溪区屯光镇汉沙、南溪南和浯村境内。是集奇峰秀色、石林洞窟、摩崖石刻和庙阁遗址于一体的胜地，占地面积约5平方千米，史志称『石林山』。迄今发现历代人工开凿的石窟36处，分布线长约5千米。花山北侧山麓有文昌阁、关帝庙、观音石龛等遗址。石林有『仙姑顶箬笠』等奇石，有历代摩崖石刻约30处，其中最早勒刻时间为『大元至正己丑八月』。2004年被列为安徽省重点文物保护单位。

环砂村永禁碑

位于祁门县彭龙乡环砂村祠堂门口院墙内，刻于清嘉庆二年(1797)冬月。高2米，宽1米，厚0.3米。为保护山林资源，禁止乱砍滥伐、滋事生端乱象，村民公议立约，连同知县批示一并勒碑刻石，定名『永禁碑』以警后世。碑文阐述了乱砍滥伐的危害性，制定了具体的各项奖惩措施，并且均有『罚戏一台』之规定，体现出徽州地域内独特的民间习俗。

黄海仙都

位于黄山区黄山风景区温泉景区，康熙御题于清康熙四十四年(1705)，1991年刻。刻于慈光阁碑廊。2013年作为黄山摩崖石刻群的组成部分被列为全国重点文物保护单位。

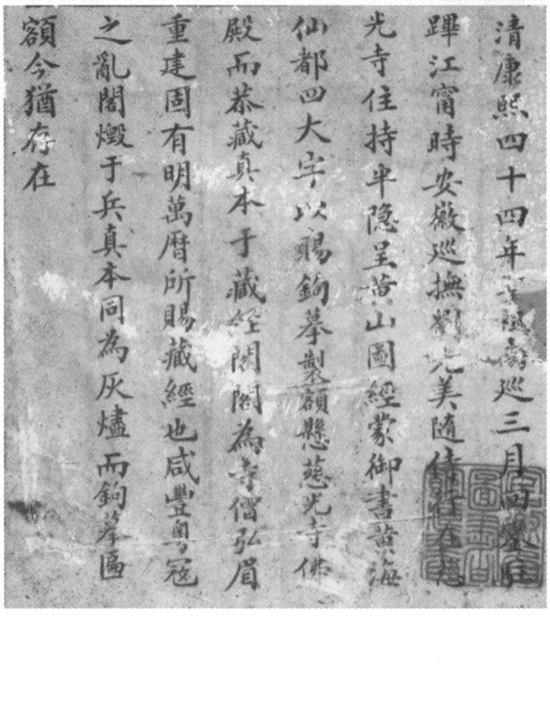

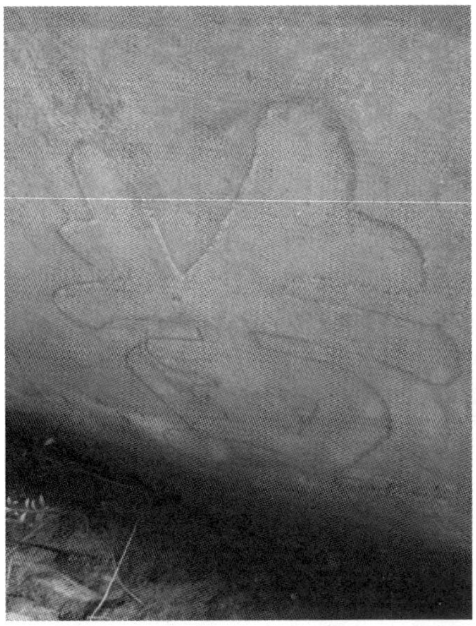
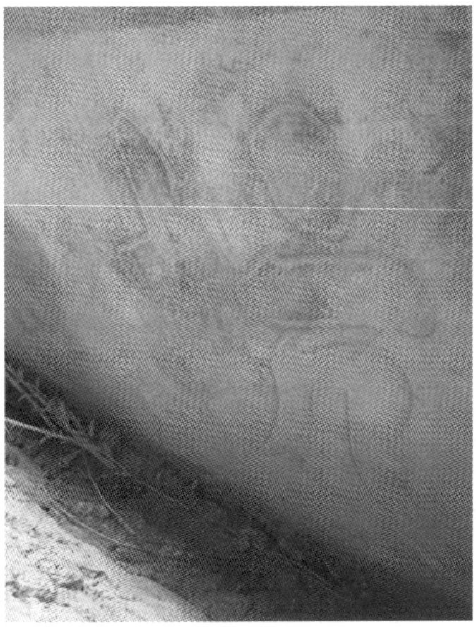
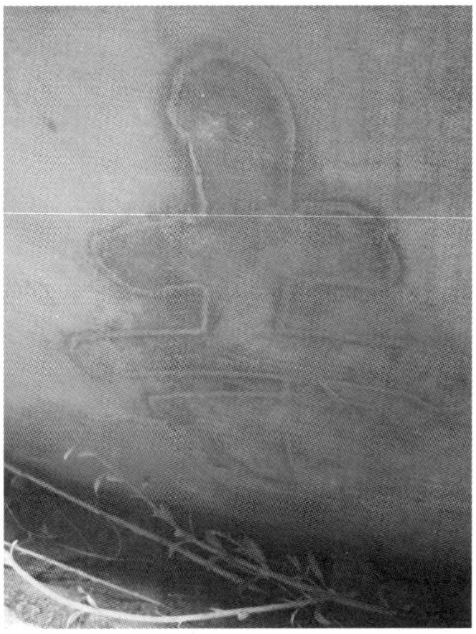

黄坑寺碑

位于歙县王村镇定邦村。唐太和年间，此地建黄坑寺。明代重建时，董其昌题额。卧碑，青石质。宽2.92米，高0.88米。楷体，有董氏落款及『太史氏』章。寺已毁。

黄山摩崖石刻群

位于黄山区黄山风景区，主要分布在温泉、玉屏、北海、西海、云谷和松谷等景区磴道沿线的岩石、崖壁上。现存300余处（含碑刻30余方），题刻面积约2200平方米；年代自唐代至近现代，以唐代李白的『鸣弦泉』与『洗杯泉』为最早，以民国时期所镌『立马空东海，登高望太平』面积为最大；题刻内容丰富，篆、隶、真、行、草诸体皆备。2013年被列为全国重点文物保护单位。

黄山松谷雕像

位于黄山区黄山风景区松谷景区。雕于乌龙潭侧花岗岩巨石上。浅浮雕立像，周身填彩，高1.65米，宽1.4米。『泉声咽危石，日色冷青松』联句分刻于雕像左右，款记『万历庚申年谭菊芳立』刻于像左。传古时山民尝于旱季至此祷雨，多有灵验，俗称『乌龙将军』。2013年作为黄山摩崖石刻群的组成部分被列为全国重点文物保护单位。

黄山天海佛像

位于黄山区黄山风景区天海。雕于天海庵旧址后方山体岩壁上。直立造像，法相庄严。高3.92米，宽1.43米。脸部浅浮雕，身体平雕，左侧竖刻款『□……□迹□……□西蜀明仁进西□……□仙源□……□大明万历三十三年六月吉旦立□……□游集同□……』。2013年作为黄山摩崖石刻群的组成部分被列为全国重点文物保护单位。

黄山洋湖矼三雕像

位于黄山区黄山风景区松谷景区洋湖矼。雕于山凹密林一花岗岩孤石上。三雕像并列结跏趺坐，浅浮雕，刻工精致。主尊居中，疑即佛祖释迦牟尼造像；次尊分列左右，其下分别有『随圣土地』『侍从明神』款记。三雕像左侧依稀可辨『□大元至正戊子七月□山西文武六世孙□□□□助缘□□□□□』4行28字楷书款。2013年作为黄山摩崖石刻群的组成部分被列为全国重点文物保护单位。

翚岭摩崖石刻

位于绩溪县华阳镇高迁村翚岭半山腰上，刻于明嘉靖二十九年(1550)。坐南朝北，占地面积约7.5平方米，其中『止渴』二字66厘米见方，在水槽的左侧『石眼泉』三个大字166厘米见方，落款为『洌子泉题』。『山腰馀润』四个楷书大字，落款为『呈明嘉靖二十九年岁次庚戌季秋九月吉旦』。

徽州大路碑

位于休宁县鹤城乡左右龙村右龙组入口处。刻于清乾隆三十八年(1773)。为前往江西瑶里古道入口标志，青石碑。高0.9米，宽0.4米。上刻『徽州大路』四字，落款为『乾隆三十八年』。

晦庵手迹石刻

位于黄山区永丰乡祥符村，原祥符码头沿岸东北1千米处，建于宋代。占地面积10平方米。朱熹过访学士孙觌时，同游狮山，书『秀阴』二字，镌刻在平台上。落款已漫灭，且『阴』字较模糊。

『金佛山记』碑刻

位于休宁县海阳镇瑯斯村福财组观光农业园内，刻于清雍正十三年(1735)孟夏。青石碑，全高1.26米，中段0.86米，上、下段各0.2米。碑文由清康熙八年(1669)休宁举人邵亮工(字东宣)撰写，立碑人为邵亮工之孙邵纯中。碑文记述金佛山得名由来，山中古刹与胜景，以及邵亮工游山感触等。

禁碑

位于休宁县汪村镇杨源村广源组入口处。共有石碑2块，大碑高1.82米，宽0.66米；小碑高1.1米，宽0.4米。大碑刻『奉恩主严禁』，记录事由及当时县令名，小碑刻『申禁』。

来者有缘

位于黄山区黄山风景区云谷景区。刻于云谷寺至九龙瀑道左崖壁，上方有康熙二十一年(1682)进士周金然题『仙人榜』。纵0.6米，横3米。2013年作为黄山摩崖石刻群的组成部分被列为全国重点文物保护单位。

炼丹石石刻

位于祁门县新安乡龙安村炼丹石组后山北侧约800米处山坡巨石上。石刻约33厘米见方，行书6行34字，内容为『崇祯元年仲冬月，桃源陈秀、陈器，高塘王韬、王靖，用工开此石径，以资蹬眺。募化僧□光』。字迹仍清晰可辨。

灵岩洞遗墨题刻

位于婺源县大鄣山乡通元观村周围的灵岩洞群中，散布在卿云洞、莲华洞、涵虚洞、凌虚洞、琼芝洞等诸洞壁间。今保留的2000多处遗墨题刻，始于唐代，延至晚清，均为历代游人览洞时所作。其中卢潘、宗泽、张浚、岳飞、何执中、朱熹、齐彦槐、余煌、李承端、江峰青等人的题名和感兴之作，字迹清晰可辨。2006年被列为江西省重点文物保护单位。

落石台石刻

位于休宁县海阳镇万全村上汶溪组以西600米横江南岸。题字年代有元元贞年间，明天启年间，清康熙年间等。现仍存摩崖题刻16处，其中有宋代休宁知县吕大防书『断石』二字，还有『山高水长』『云头石』『嶙峋写照』『落石寒波』等字，因年久风化，字迹模糊不清，分散地镌刻在1500平方米的崖壁之上，其中『落石台』『岩石』『嶙峋写照』『云石』『南无阿弥陀佛』等清晰可辨。2012年被列为黄山市重点文物保护单位。

面面受奇

位于黄山区黄山风景区北海景区，程芝云题刻于清代。刻于凤凰柏至红庙道左石上。纵0.64米，横2.1米。2013年作为黄山摩崖石刻群的组成部分被列为全国重点文物保护单位。

鸣弦泉、洗杯泉

位于黄山区黄山风景区温泉至汤岭关道右，题刻于唐代。刻于鸣弦泉岩壁上。据民国《黄山指南》载，此两处题刻『皆李青莲遗笔』。『鸣弦泉』，纵0.6米，横1.8米。『洗杯泉』，纵0.54米，横0.8米。2013年作为黄山摩崖石刻群的组成部分被列为全国重点文物保护单位。

齐云山石刻

位于休宁县齐云山镇齐云山风景区。据史料记载，唐代至民国期间，游人香客在山上留下摩崖石刻及碑刻1400余处（块）。据2008年第三次全国文物普查统计现存299处（块），其中碑刻74通，石刻225处。年代最早的是唐大和三年（829）石刻，为数最多的是明清时期的石刻，占总数的80%以上。石刻大多镌刻于悬崖绝壁之上。书法有楷、行、草、隶、篆诸体。大字丈余，小的尺碑千文，文体有诗词、传、赞、碑铭、赋记、颂、流文表、会记及楹联、佳句等，流派纷呈，风格各异。内容融儒、道、佛学为一体，涉及寺观兴建、自然风光等，涵盖地理、宗教、经济等方面。刻文多出自徽州名人之手，其雕琢者又都是徽州石工，刻功精练娴熟，不失原作神韵。2006年被列为全国重点文物保护单位。

祁山摩崖石刻

位于祁门县城祁山西北面山腰。目前所能见到的石刻有两方，一方为『佛』字，无款识，阳刻，直径1.5米左右，左侧阴刻『山中灵气』四字，上方百米处刻有『最上一乘』四字，题款『夕沙』。另一方为『灵峰』，由明人楚蛟所题。均为篆书，石刻前原有平台，据传为『青萝寺』高僧修炼参禅处。2008年被列为黄山市重点文物保护单位。

千古

位于黄山区黄山风景区云谷景区，近云谷山庄，雷平题刻于清代。刻于石上。纵1.1米，横0.7米。清乾隆二十六年（1761），雷平任黄山巡检司巡检。2013年作为黄山摩崖石刻群的组成部分被列为全国重点文物保护单位。

热不因人

位于黄山区黄山风景区温泉景区，王丹题刻于清代。刻于温泉石拱券上。纵0.4米，横1.2米。2013年作为黄山摩崖石刻群的组成部分被列为全国重点文物保护单位。

柔川摩崖题刻

位于歙县坑口乡柔川村东端村道边石壁上，刻于清代。共有5处，每处1平方米左右，楷书，均为劝人行善的格言。其一文曰：『人间私语，笑闻□雷。暗室亏□，神目如电。』

圣僧庵壁画

位于歙县徽城镇旸村，始建于唐武德年间。庵坐南朝北。面阔9.4米，进深29.4米，现存占地面积276.36平方米，由庭院、大殿、经堂等组成。大殿墙上有明代万历时画家黄柱作水墨敷彩观音像、十八罗汉图和翠柏图，经堂龛台前壁刻《金刚经》，明代戏剧家汪道昆题跋。另有万历时修建碑2块。1981年被列为安徽省重点文物保护单位。

诗石滩石刻

位于婺源县江湾镇大畈村北河滩中，刻于明万历年间。在河滩突兀的岩壁上，镌刻有明万历三十年(1602)大畈人汪瑞贤、汪守贤、汪齐贤、汪宿贤的赋诗。现诗刻除少数字迹风化模糊外，大多保存尚好。1985年被列为婺源县重点文物保护单位。

石门山石刻

位于婺源县江湾镇前段村敉坑自然村西边石门山半山顶。宋、元、明三代，济溪游氏和田源何氏在石门山兴建佛教庵堂圆明庵，规模宏大，香火旺盛，吸引了真柏、真松、如滋等名僧来此修行。他们在离圆明庵约0.25千米的后山石崖上刻石图形，雕凿如来佛像，立『南无过去王法明如来』碑，并刻下佛经偈语。可惜那些佛经偈语在数百年风雨侵蚀中风化漶漫，难以辨认。圆明庵基址尚存，且能看出大概模样。2005年被列为上饶市重点文物保护单位。

始信峰

位于黄山区黄山风景区始信峰顶，黄习远题于明代，孙湛书。刻于岩壁。纵0.85米，横0.8米。明万历四十一年（1613）黄习远游黄山并品题『诵法台、散花坞、扰龙石、接引崖、始信峰、文殊坐、狮子峰、水月峰、烂柯峰』。2013年作为黄山摩崖石刻群的组成部分被列为全国重点文物保护单位。

天下名泉

位于黄山区黄山风景区温泉景区。刻于温泉崖壁。落款为『皇明万历癸未春正月望，郡人程师周、戴国辅、戴国良、戴麟绂仝题』。纵1米，横2米。2013年作为黄山摩崖石刻群的组成部分被列为全国重点文物保护单位。

天游

位于黄山区黄山风景区夫子山景区，罗汝芳题刻于明代。刻于石上。纵1米，横2.5米。2013年作为黄山摩崖石刻群的组成部分被列为全国重点文物保护单位。

通济桥碑刻

位于休宁县万安镇吴田村北入口。刻于清嘉庆十三年(1808)。青石碑，高1.15米，宽0.5米，厚0.2米。正中刻『嘉庆十三年岁次戊辰季冬月谷旦 同治四年重修』，右侧刻『令尹文裔等重建』。

万重翠雨

位于黄山区黄山风景区云谷景区，江宁韩廷秀题刻于清乾隆五十七年(1792)。刻于云谷至北海磴道口石上。纵0.8米，横1.84米。2013年作为黄山摩崖石刻群的组成部分被列为全国重点文物保护单位。

汪鋐曾祖母表彰碑

位于婺源县江湾镇大畈村汪鋐曾祖母墓前，今存放在大畈村委会内，立于明嘉靖十二年(1533)。青石碑身，高2.2米，宽0.92米。碑文字体阴文楷书。碑身上部雕『双龙戏珠』图案，下部已有破损。2005年被列为婺源县重点文物保护单位。

汪由敦墓石刻

位于休宁县溪口镇木干村北土名『林金坑』山坡上。清乾隆年间军机大臣汪由敦墓前的石像生及碑刻。石像生为甬道两侧对称排列的4对石人、石马、石虎、石羊；碑刻指拜台前巨龟驼伏的墓志碑，碑长2.4米，宽1.1米，厚0.24米，石料为青石，碑文用满、汉两种文字阴刻而成，其中汉字333个。华表列于该村村口。上用满、汉两种文字阴刻祭文。1989年被列为安徽省重点文物保护单位。

旺川太平天国壁画

位于绩溪县上庄镇旺川村曹氏支祠九思堂内的墙壁上。九思堂占地面积85平方米。从九思堂东厢房『攻城图』始经大门两侧墙壁，至西厢房『天神图』止，共七幅。作者以现实主义创作手法，将太平军将士肉搏登城、不屈不挠的英雄气概和封建统治者败北乞降的没落丑态，进行了强烈对比。1961年被列为安徽省重点文物保护单位。

吴楚分源碑

位于皖赣边界的浙岭头。高1.6米，宽0.7米，厚0.08米，碑面阴刻『吴楚分源』四个隶书大字，笔力刚劲，为清代詹奎题。现碑收藏在婺源县博物馆。2005年被列为上饶市重点文物保护单位。

吴侍郎神道碑

位于徽州区呈坎镇杨干村下杨干自然村七组，立于明成化年间。为两碑，左碑为『大明嘉议大夫兵部右侍郎吴公神道碑』，右碑为『奉天敕命』，两碑都用红紫石雕琢，各有龟趺石座，有篆额。

吴孝子碑

位于歙县昌溪乡昌溪村入口孝子亭内，立于清光绪三十三年(1907)。许承尧撰写碑文，沧山源吴景松立，记载康熙年间孝子吴遏旦为母割股疗伤之尽孝事。

悟石铭

位于徽州区呈坎镇灵山村灵金山岩石上，刻于明嘉靖年间。岩石高约5米，宽约6米，面积24平方米。上为『悟石』二字，中间刻『厥攻厥栗，美玉于兹，他山悟石，可以为师』16字铭。下为落款为『方信铭』。

西峰寺摩崖石刻

位于祁门县闪里镇港上村西峰寺组寺遗址后西面山坞里，题刻于明代。石刻载体岩石风化开裂，字迹模糊难以辨别。面积约3平方米，阴刻诗2首。分别在右上方和左下方，每首40余字，内容主要为对西峰寺的赞美，并落有印章。

西峰寺塔碑林

位于祁门县闪里镇港上村西峰寺组入村处宝林桥头。三块碑，明万历『上元山题修清素塔疏文』碑，明万历四十年(1612)『宝林院重修清素塔记铭』，『香灯□□碑』，内容为重修清素塔记事及善士捐资名单。

休宁县西界碑

位于休宁县溪口镇五联村桐子岭组张家岭山腰，刻于清康熙七年（1668）。碑高1.1米，宽0.45米，厚0.07米。上部刻『总督部院明文』，右侧刻『奉三十都三图源头地方』，正中刻『休宁县西界』，左侧刻『康熙七年正月立』。

仰山石刻

位于休宁县源芳乡仰山山顶。刻于仰山小路两侧的红砂石上，共有3处，分别为『返照』（宽1.2米，高0.45米，间距0.85米）、『仰山法界』（长2.1米，宽0.5米，间距0.06米）、『龙湫』（高0.7米，宽0.35米）。

养生河石碑

位于休宁县岭南乡溪西村养生河中，刻于清雍正四年(1726)。青石碑身，高1.46米，宽0.56米。右侧刻『雍正四年麦秋月谷旦立』，中间刻『养生河』，左侧刻『严禁一切钓网药摸』。

养源书屋晓谕碑

位于婺源县江湾镇汪口村，嵌砌在养源书屋前院墙壁上，立于清光绪十年(1884)。青石碑身，高1米，宽0.67米。碑刻字体楷书，阴文。2005年被列为婺源县重点文物保护单位。

野云庵石刻

位于婺源县江湾镇汪口村南侧野云庵旧址，题刻于明嘉靖三十四年(1555)。石刻就峭壁而镌，有『野云庵八景』等。石刻字迹为阴文楷书。2005年被列为婺源县重点文物保护单位。

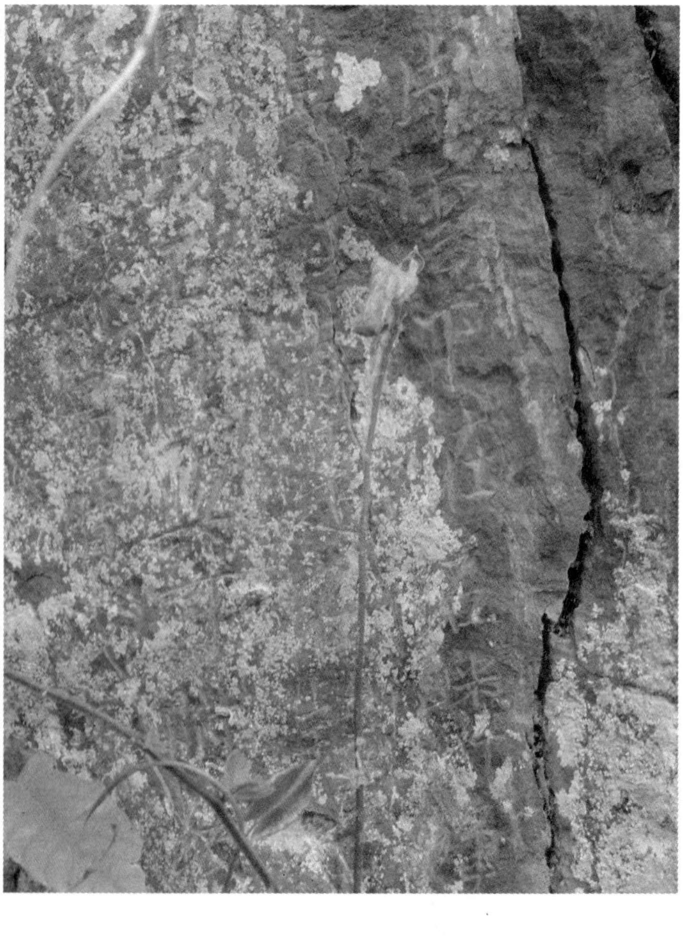

一带云根

位于歙县徽城镇渔梁练江边白云禅院前，刻于明万历年间。刻于高约5米的山壁上，隶书，边有寸楷小字：『龙井一片，'云下怪石嶙峥，□□山景，故存是名。隶子孙子贞勒石，陈与可附跋，□正□也。时万历戊午……』『一带云根』指渔梁坝下龙井山，为渔梁诸景之首。

一径犹龙

位于黄山区黄山风景区云谷景区，近『梅屋』。刻于石上。纵0.5米，横2.2米。落款为『水轩题，幔亭书』。2013年作为黄山摩崖石刻群的组成部分被列为全国重点文物保护单位。

右龙村禁碑

位于休宁县鹤城乡左右龙村右龙组东50米处。高0.83米，宽0.45米，厚0.07米。阳刻『□砍荫木，勒石示众』。

云巢

位于黄山区黄山风景区玉屏峰麓云巢洞，曹鈖题刻于清代。刻于洞壁。纵1.18米，横0.72米。2013年作为黄山摩崖石刻群的组成部分被列为全国重点文物保护单位。

章山题壁

位于黟县碧阳镇碧山村漳河上游，题壁系南宋开禧三年（1207），乡贤汪廷圭及当时村中一些退隐官宦、乡绅和文人等12位老人在谷雨日游览遵孝寺时的题词刻石。题壁高达10余米，宽约5米，每字大约20厘米见方，共有楷书166字。部分石刻已风化，字迹尚能辨识。2008年被列为黄山市重点文物保护单位。

郑公钓台

位于屯溪区屯光镇富礼村富墩渡口，刻于元代。郑公钓台为渡口处一突兀石崖，人称『钓鱼台』，亦称『富登钓台』。最长处约4.2米，最宽处约3米，石崖上人工开凿长约1.5米、宽约0.3米的石穴，镌刻有元余阙书『郑公钓台』四个篆字。郑公即郑玉，元末著名学者。

郑玉摩崖石刻

位于黄山区黄山风景区温泉景区，郑玉题刻于元至正十七年(1357)。刻于温泉崖壁。全文为『邑人郑玉子美，旧尝读书山下寺中，后迁紫阳南阜，遂耕于师山之阴，钓于岑山之阳。久□□□□出内府酒帛，遣使者持以南□□□□□制。玉以德凉辞辟不获，从使者至海上，以疾而还。复游山中，访寻旧馆。时丧乱之余，半已煨烬，独川流山峙，不改其旧。乃浴汤泉，题名石上而去。侍行者吴诜、胡焱、鲍观、鲍葆、谢贞保、吴阳复。有元至正十七年春二月辛未郑玉题』。为黄山景区摩崖单篇字数最多者。纵3.3米，横1.5米。2013年作为黄山摩崖石刻群的组成部分被列为全国重点文物保护单位。

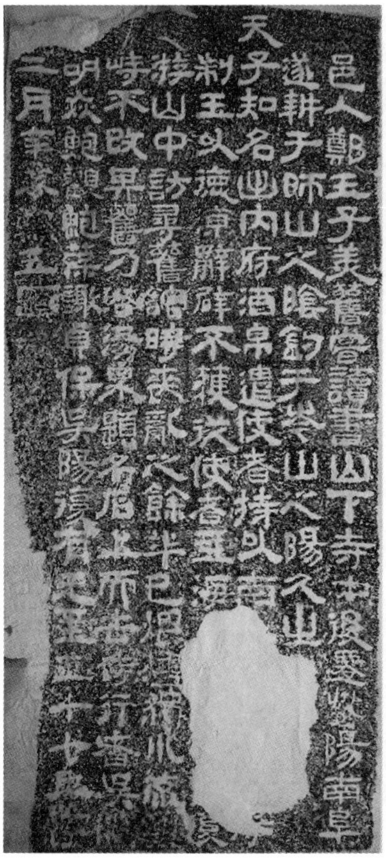

醉石

位于黄山区黄山风景区温泉至汤岭关道右，近鸣弦泉，题刻于明嘉靖年间。刻于石上。落款为『明嘉靖辛丑年暮春望日，□□□小华、罗章渊，携壶搕约淮孺王寅、小□罗明□□华郑默，草衣斗笠来游，我欲扳汤岭眺九峰，招谪仙人□□晚不能□，留歌□□醉，即题石记之』。纵1.8米，横2.8米。2013年作为黄山摩崖石刻群的组成部分被列为全国重点文物保护单位。

近现代重要史迹及代表性建筑

白龙桥

位于黄山区黄山风景区温泉景区，横跨白云溪、桃花溪汇合之汤泉溪，建于民国二十二年(1933)。花岗岩石材砌筑单拱桥，长21米，宽5.2米，高9.8米，两侧设望柱式石桥栏。时任民国政府主席的林森题额『白龙桥』。2013年作为黄山登山古道及古建筑的组成部分被列为全国重点文物保护单位。

百寿堂

位于黄山区黄山风景区温泉景区龙吟石上方，建于民国二十九年(1940)。原由姚文采以赈济公款兴建，作为庆贺许世英七十寿辰的寿堂，得名百寿堂。五开间平房，占地面积236平方米。花岗岩石墙，木构梁架，单檐歇山式屋顶，覆黄色琉璃筒瓦。前设外廊，一字排列6根红漆立柱。2016年被列为黄山风景区重点文物保护单位。

半山寺

位于黄山区黄山风景区老人峰下，近天都峰新道口。民国十三年(1924)夏，江宁观音庵僧人明光云游至此，建佛殿三间，名无量庵，次年休宁县知事韩焘改名为半山寺。现存建筑为1956年重修，建筑面积约500平方米。花岗岩石墙，砼筑楼板，木构屋面。『半山寺』额为刘伯承1957年所题。2016年被列为黄山风景区重点文物保护单位。

鲍德良宅

位于歙县上丰乡上丰村前街，建于民国时期。坐西朝东，一进三开间二层建筑。通面阔9.8米，通进深8.2米，占地面积77平方米。天井两侧有廊，上堂有厢房，梁头及窗门有人物花草木雕。

鲍固高宅

位于歙县徽城镇就田村，建于民国时期。坐北朝南，一进三开间砖木结构二层建筑。通面阔7.75米，通进深6.9米，占地面积53.5平方米。麻石门楼，有砖雕。

鲍观寿宅

位于歙县上丰乡蓄村，建于民国时期。坐西朝东，一进三开间。通面阔8.7米，通进深5米，占地面积43.5平方米。

鲍观佑宅

位于歙县富竭镇中溪村高山组，建于民国时期。坐北朝南，一进三开间楼房。通面阔9.5米，通进深6.65米，占地面积63.5平方米。内部梁架简单。

鲍国平宅

位于黟县碧阳镇黄村古筑组，建于民国时期。坐北朝南，开间8.3米，进深8.35米，占地面积69.3平方米，二开间二层建筑，砖木结构。

鲍景庭等宅

位于歙县许村镇许村金村自然村，建于民国时期。坐西朝东，一进三开间，有楼。通面阔8.8米，通进深6.95米，占地面积61平方米。内部梁架简单。

鲍丽娟宅

位于歙县徽城镇渔梁街，建于民国时期。坐北朝南，一进三开间砖木结构二层建筑。通面阔5.5米，通进深5米，占地面积约28平方米。

鲍明生、鲍明学宅

位于歙县三阳镇珠川村，建于民国时期。坐南朝北，二进三开间。通面阔10.75米，通进深10.3米，占地面积110.73平方米。有窗顶画、马头墙。

鲍清河宅

位于歙县三阳镇岭脚村，建于民国时期。坐西北朝东南，二进三开间楼房，前进二层，后进暗三层。通面阔10.25米，通进深14.7米，占地面积150平方米。

鲍秋发宅

位于歙县上丰乡蕃村，建于民国时期。坐西朝东，一进三开间。通面阔6.25米，通进深5.8米，占地面积36.3平方米。

鲍少安等宅

位于歙县雄村镇雄村，建于民国时期。一进三开间二层建筑。通面阔9米，通进深7.65米，占地面积68.85平方米。大门门楼有简易砖雕，厅堂西边厢房有格子窗。

鲍社龙宅

位于歙县武阳乡洽河村，建于民国时期。坐北朝南，一进三开间。通面阔8.6米，通进深8米，占地面积68.8平方米。大门门楼砖雕被破坏。

鲍文福宅

位于歙县许村镇许村金村自然村074号，建于民国时期。坐西朝东，二进三开间，有楼。通面阔9.3米，通进深13.15米，占地面积122平方米。门楼有砖雕，部分砖雕被破坏；内部部分木构件有雕刻，部分构件被破坏。

鲍祥麟宅

位于歙县徽城镇新南街胜利路，建于民国时期。坐西朝东，二进三开间砖木结构建筑。通面阔12米，通进深13.9米，占地面积166平方米。屋内有小天井，横梁门庭有雕刻。

鲍小龙、张家宝宅

位于歙县许村镇跳石村竹溪组，建于民国时期。坐北朝南，一进三开间楼房。通面阔9.2米，通进深8.8米，占地面积80.96平方米。无天井，门楼有粗砖雕。

鲍小平宅

位于歙县郑村镇堨田村十二组，建于民国时期。一开间二层建筑。通面阔6.5米，通进深5米，占地面积32.5平方米。木雕花格子气窗。

鲍瑶仙宅

位于歙县深渡镇深渡老街，建于民国时期。坐西朝东，一进三开间带天井。通面阔10.2米，通进深4.6米，占地面积46.92平方米。厅后有楼梯，南边开门。大门口青砖，素墙。

鲍玉民宅

位于歙县徽城镇新南街胜利路48号，建于民国时期。坐西朝东，二进三开间。通面阔13米，通进深7.94米，占地面积104平方米。屋里为木板结构，地板为砖结构。大门有雕刻。

鲍玉树宅

位于歙县武阳乡洽河村二组，建于民国时期。坐北朝南，一进三开间。通面阔6.2米，通进深9.5米，占地面积60平方米。简易门楼。

鲍元华宅

位于歙县上丰乡蕃村，建于民国时期。坐西朝东，二进三开间。通面阔8.6米，通进深8.55米，占地面积73.5平方米。上堂两厢有房。梁头、门窗木雕装饰。

鲍祖诚宅

位于歙县森村乡渔岸村，建于民国时期。坐南朝北，一进三开间。通面阔9.9米，通进深6.4米，占地面积63.4平方米。门庭砖雕精美，圆柱方梁。

毕乐生宅

位于歙县徽城镇新路街35-13号，建于民国时期。坐南朝北，通面阔5.92米，通进深10米，占地面积59.2平方米。砖木结构二层建筑。斜撑有木雕，有天窗。

毕司令宅

位于歙县徽城镇南源口村，建于民国时期。坐北朝南，一进三开间二层，通面阔5米，通进深6.9米，占地面积34.5平方米。砖木结构。

便民桥

位于歙县王村镇新安村烟村自然村河最东端，建于民国时期。桥面由3块长5.1米、宽0.4米、厚0.3米的石板组成，设有桥墩。

冰凌阁

位于黟县碧阳镇南屏村，建于民国时期。坐北朝南，三开间带二厢有前外廊砖木结构二层建筑。开间7.35米，进深12.4米，占地面积91.1平方米。木构架承重，总体制作较好。2006年被列为全国重点文物保护单位。

蔡荣瑞宅

位于黟县碧阳镇赤岭村，建于民国时期。坐东朝西，开间10.45米，进深8.9米，占地面积93平方米，三开间二层建筑，有天井。砖木结构，木构架承重，木构配件及隔扇门窗等皆完好。

操德保宅

位于黟县碧阳镇麻田社区，建于民国时期。坐南朝北，开间8.95米，进深13.55米，占地面积121.3平方米，三开间上下厅中天井二层建筑，砖木结构，上下厅前廊部有卷棚轩，隔扇、横风窗、飞罩、构配件及门楼较好。

操礼为宅

位于黟县碧阳镇古黄村黄村组，建于民国时期。坐西朝东，开间9.6米，进深7.8米，占地面积74.9平方米，三开间带二厢有天井二层建筑。

曹爱忠宅

位于歙县雄村镇航步村040号，建于民国时期。坐东朝西，一进三开间。通面阔8.8米，通进深7.25米，占地面积64平方米。大门有门套，立石鼓，门板贴砖。内有天井，有花格子门、格子窗。

曹定远宅

位于歙县雄村镇雄村山下自然村，建于民国时期。坐东朝西，一进三开间。通面阔8.7米，通进深6.4米，占地面积55.7平方米。大门门楼有砖雕。

曹东华宅

位于绩溪县长安镇坦头村，建于民国初期。坐北朝南，占地面积126平方米。上下对堂，二楼通转，中设天井，撑拱承挑出檐，三合土地坪，外围封火墙，室内的木雕构件精美。

曹福源宅

位于绩溪县上庄镇旺川村12号，建于民国初期。坐西朝东，占地面积130平方米。前后两进，前进为上下对堂，二楼通转，中设天井，撑拱承挑出檐，东西厢房，方砖铺地，外围封火墙，室内的斜撑、雀替、窗栏板、隔扇皆有精美雕刻。大门呈西方教堂式，匾额上有『欧化流东』字样。

曹光华宅

位于歙县徽城镇渔梁街，建于民国时期。坐南朝北，二进一开间。通面阔4米，通进深12.4米，占地面积约50平方米。

曹可继宅

位于绩溪县上庄镇旺川村96号，建于民国时期。坐北朝南，占地面积240平方米。硬山屋顶，砌封火墙，抬梁穿斗并式梁架，方砖地坪。前、中、后三进，两天井，面阔三间，进深七间。大门两侧有三飞砖窗罩，皆有砖雕，内装修雕饰构件有狮形撑拱、人物斜撑、雀替、驼峰、隔扇、窗栏板，非常精美。

曹良友等宅

位于歙县徽城镇南源口村王村茂自然村，建于民国时期。坐西朝东，一进三开间砖木结构二层建筑。通面阔6.05米，通进深7.8米，占地面积约47.2平方米。

曹任农宅

位于歙县雄村镇雄村，建于民国时期。坐北朝南，一进三开间。通面阔9.8米，通进深5.5米，占地面积53.9平方米。大门口门面一层为砖砌，二层为木制。两边有厢房，有雕花格子窗，二层门面有格子窗。

曹氏二宅

位于歙县徽城镇打箍井街，建于民国时期。坐西朝东，二宅壁联。南宅二进三开间，通面阔10.7米，通进深12.9米，占地面积约138平方米。前有小院，下堂有厢房，天井两侧有廊，雕花屏门装隔。上堂为统间，有楼，砖、木、石雕精美。北宅二进三开间，面阔10.7米，进深13.2米，占地面积约136平方米。上下堂都装厢房，木雕稍逊于南宅。2004年被列为安徽省重点文物保护单位。

曹受泉宅

位于歙县雄村镇雄村山坞组，建于民国时期。坐西朝东，一进三开间二层建筑。通面阔9.65米，通进深6.75米，占地面积65.14平方米。有门楼，有石础。

曹讨饭宅

位于祁门县凫峰乡峰联村下张组，建于民国时期。坐西朝东，徽派砖木二层一进五开间，砖雕门罩保存较好，前设天井采光通风，青石板铺设地面，通面阔13.6米，通进深7.9米，占地面积107平方米。

曹振修宅

位于歙县雄村镇航步村，建于民国时期。坐北朝南，二进三开间带天井二层建筑。通面阔8米，通进深16.05米，占地面积128.4平方米。大门口有门楼。整个房子较高，格子窗，方形石柱础。

曹正德宅

位于歙县雄村镇航步村，建于民国时期。坐西朝东，二进三开间。通面阔9.39米，通进深16米，占地面积150.24平方米。大门有简易砖雕门罩，上有砖框字匾，红砂岩石门框。

茶枝园、洪仁娣宅

位于歙县杞梓里镇茶枝园村（又名『茶川村』），建于民国时期。坐东朝西，二层砖木结构。通面阔4.4米，通进深5.2米，占地面积22.88平方米。

长灵桥

位于祁门县柏溪乡新光村盛源组旁小溪上，建于民国二十三年（1934）。南北走向，单孔，青石砌筑。长6.5米，宽3米，高5米，跨度4米。有石额『长灵桥』。

超度祠

位于黄山区三口镇汪家桥村汪家桥组夫子山山脚，建于民国时期。单开间，三面墙体，顺砌，南立面无墙，北为观音佛龛，东有小门洞通土地庙，屋顶有3个石梁架于墙体，瓦为石质条石，中梁有阴刻：『超度祠民国□（为八卦符号）十九年□□□』等字样。占地面积7平方米。全花岗岩石材建制，抬梁式梁架，三合土地坪。

陈昌生宅

位于黟县碧阳镇南屏村，建于民国时期。坐东朝西，开间8.9米，进深7.4米，占地面积65.9平方米。三开间带二厢二层建筑。有楼行道和天窗。

陈长青宅

位于歙县徽城镇七川村，建于民国时期。坐北朝南，一进三开间砖木结构二层建筑。通面阔10米，通进深6米，占地面积60平方米。

陈定媚宅

位于祁门县历口镇正冲村，建于民国时期。坐东朝西，徽派砖木二层一进三开间，砖制门罩，前设天井采光通风。屋内月梁、斜撑、雀替等雕刻保存较好。青石、木地板铺设地面。通面阔9米，通进深7米，占地面积63平方米。

陈根强宅

位于祁门县闪里镇桃源村中村组，建于民国时期。坐北朝南，砖木二层结构，面阔8.6米，进深7.5米，占地面积65平方米。

陈观照宅

位于屯溪区新潭镇梅林村110号，建于民国时期。占地面积约64平方米。坐东朝西，砖木结构，一进三开间二层楼房。穿斗式构架，硬山式屋顶。明间为厅，两次间为厢房。外门楼书有『陈兴号』字样，中华人民共和国成立前此地曾为皮革厂。

陈加庆宅

位于祁门县闪里镇桃源村中村组，建于民国时期。坐北朝南，砖木二层结构，面阔10.2米，进深7.4米，占地面积75平方米，整体保存尚好。

陈建政宅

位于祁门县小路口镇花莲村双河口组，原『一府六县』式建筑，现仅存3间，建于民国时期。徽派砖木二层结构。坐西朝东，边门进出，砖雕门罩。屋前设天井，通面阔9米，通进深8.5米，占地面积77平方米。

陈健忠宅

位于祁门县闪里镇坑口村磻村组103号，建于民国时期。坐北朝南，徽派砖木二层结构。由正屋、边院和厨房构成，内设天井采光通风，砖雕门罩。通面阔13.6米，通进深8.2米，占地面积112平方米。

陈菁宅

位于歙县徽城镇壕城路77号，建于民国时期。坐北朝南，通面阔9.43米，通进深10.37米，占地面积97.79平方米。砖木结构二层建筑。圆柱横梁支撑，有斜撑雕刻，内有天井。格子窗有雕刻。

陈均养宅

位于祁门县闪里镇桃源村后街组，建于民国时期。砖木二层结构，坐南朝北，面阔8.5米，进深8.65米，占地面积75平方米，檐口雕刻人物，窗体形式别具一格。屋内雕刻有损坏。

陈况林宅

位于祁门县渚口乡水村樵潭组，建于民国时期。坐西朝东，砖木二层徽派结构，前后厅结构，前厅由一厅堂和二厢房及前侧二边厢组成，后厅设二厢及楼梯。通面阔10.3米，通进深10.7米，占地面积110平方。

陈梅英宅

位于黄山区谭家桥镇中墩村下汪组，建于民国时期。占地面积134.64平方米。二进三开间，木架结构穿斗式，平铺式天井，无木雕结构。

陈秋奴宅

位于祁门县闪里镇桃源村上村组65号，建于民国时期。坐北朝南。砖木二层结构，面阔11米，进深12.7米，占地面积140平方米。屋内人物斜撑、花窗等木雕精细，保存尚好。

陈尚德宅

位于祁门县历口镇正冲村，建于民国时期。坐东北朝西南，徽派砖木二层一进三开间，砖制门罩，前设天井采光通风，屋内月梁、斜撑、雀替等雕刻保存较好，青石、木地板铺设地面。通面阔11.2米，通进深10米，占地面积112平方米。

陈绍其宅

位于黄山区三口镇白果树村山下组，建于民国时期。占地面积112.64平方米。一进三开间，框架、墙体基本完好。简易木构件完整。三合土地坪，天井已改造。天井四周斜撑4个。

陈曙伟宅

位于祁门县渚口乡水村樵潭组35号，建于民国时期。又名『敦德堂』，坐西朝东，砖木二层徽派结构，前后厅，前间一厅二厢，正墙窗户为梅花形砖制窗。通面阔10.4米，通进深11米，占地面积114平方米。

陈双庆宅

位于祁门县闪里镇桃源村，建于民国时期。坐北朝南，砖木二层结构，面阔10米，进深7.7米，占地面积77平方米，整体保存较好。

陈四九宅

位于祁门县闪里镇桃源村17号，建于民国时期。坐北朝南，砖木二层结构，方形屋柱，砖地袱，木雕精美，整体保存尚好。面阔9米，进深7.3米，占地面积66平方米。

陈旺昌宅

位于祁门县闪里镇坑口村，建于民国二十九年(1940)。坐东朝西，砖木二层徽派一进三开间式建筑，屋内设有轩顶，梁枋饰有雕刻，但稍显粗糙。通面阔9.6米，通进深7.2米，占地面积69平方米。

陈文炳宅

位于祁门县闪里镇坑口村，建于民国时期。坐北朝南，砖木徽派二层一进三开间式建筑，无天井，屋内隔扇木雕保存较好。通面阔12.6米，通进深7.5米，占地面积95平方米。

陈小九宅

位于祁门县闪里镇桃源村，建于民国时期。坐北朝南，砖木二层结构，面阔10米，进深7.3米，占地面积73平方米。穹形天棚，方形屋柱，整体木雕精致，保存尚好。

陈永忠宅

位于祁门县闪里镇坑口村，建于民国二十八年（1939）。坐北朝南，砖木徽派二层结构。前后厅格式，后厅设有天井，屋内斜撑、月梁、雀替等雕刻保存较好。通面阔9.2米，通进深10.2米，占地面积94平方米。

陈玉昌宅

位于祁门县闪里镇坑口村磻村组，建于民国二十九年（1940）。坐北朝南，砖木徽派二层结构，一厅二厢，内设天井采光通风，砖雕门罩和窗户。通面阔9.4米，通进深8.2米，占地面积77平方米。

陈正中宅

位于祁门县闪里镇坑口村，建于民国二十九年（1940）。砖木徽派二层结构，坐南北朝东西。一厅二厢，无天井。通面阔9.2米，通进深7米，占地面积64平方米。

陈中茂宅

位于祁门县闪里镇桃源村，建于民国时期。坐北朝南，砖木二层结构，保存现状一般，原木雕隔扇已失。面阔10米，进深10.2米，占地面积102平方米。

丞相桥

位于黄山区黄山风景区云谷景区，檗庵大师塔西侧，东西走向横跨丞相源，始建于民国二十二年(1933)，1969年被山洪冲毁一角，1983年重建。单拱桥。长25.7米，宽3.97米，拱高7.9米，拱跨10.8米。花岗岩石材砌筑。两侧设望柱式砼筑桥栏，望柱高1.23米。

承德堂

位于歙县深渡镇绵潭村新安江景区内，建于民国时期。坐北朝南，二进三开间二过厢一天井上下对堂二层建筑。通面阔6.8米，通进深10.8米，占地面积73.44平方米。天井左边为廊，右边为楼梯，雕花屏装隔。两边装厢房。

程宝成、程宝义宅

位于歙县许村镇前村三组，建于民国时期。坐东朝西，一进三开间楼房。通面阔9米，通进深6.7米，占地面积60.3平方米。大门朝南开，有天井。

程采兆等宅

位于歙县上丰乡上丰村，建于民国时期。坐东朝西，一进三开间楼房。通面阔7.45米，通进深7.9米，占地面积约58.9平方米。

程彩彬宅

位于歙县许村镇跳石村下蒲田组，建于民国时期。坐西朝东，一进三开间楼房。通面阔8.35米，通进深7.55米，占地面积63平方米。有简易门楼。

程灿烈士墓

位于歙县岔口镇木竹坦村。墓园占地面积414平方米，建筑面积222.02平方米。封堆三面围以石墙，后侧立靠山碑，饰以石檐，两侧有石阶下至祭堂，墓门三间四柱，中间刻墓志铭，两厢砌『八』字形焚纸炉，全用青石雕砌。程灿(1919—1949)，福建莆田人，新四军皖浙支队副司令。1949年在分水印渚战斗中牺牲，当地人民为其按传统方式营墓，2005年因建水电站迁移后靠。2006年被列为歙县重点文物保护单位。

程昌辉宅

位于黟县碧阳镇北街社区，建于民国时期。坐南朝北，开间8.8米，进深7.7米，占地面积67.8平方米，三开间二层建筑。有天井。砖木结构，木构架承重，木构架、装修等较完整，构配件、隔扇完整。

程昌梁宅

位于歙县许村镇前村上九二组045号，建于民国时期。坐北朝南，二进三开间楼房。通面阔9.3米，通进深12.7米，占地面积118.1平方米。木雕精美，梁撑完整。格子门窗完整。有天井，窗栏字为『积善之家，儿孙积德，长久远锦，天赐余庆』。

程乘风宅

位于黟县宏村镇汤蜀村潭川组，建于民国时期。坐北朝南，大门偏西，开间9.26米，进深6.15米，占地面积57平方米。三开间带二厢二层建筑，照壁后上楼。房内直铺木地板。

程道明、程春发宅

位于歙县许村镇前村东山一组，建于民国时期。坐东朝西，一进三开间楼房。通面阔9米，通进深7.1米，占地面积63.9平方米。

程德荣宅

位于歙县许村镇许村高阳一组，建于民国时期。坐西朝东，二进三开间楼房。通面阔10.6米，通进深14.5米。屋瓦下有方砖，中夹门六扇。

程凤娟宅

位于绩溪县伏岭镇伏下村79号，建于民国初期。坐北朝南，占地面积91平方米，一进三开间二层楼房，东西厢房，三合土地坪。外围封火墙，前置一天井，撑拱承挑出檐，前有庭院，大门上有砖雕门罩，室内的木雕构件精美。

程凤玉宅

位于歙县深渡镇漳村湾村一组，建于民国时期。坐南朝北，一进三开间楼房。通面阔9.6米，通进深6.8米，占地面积65.28平方米。厅后有楼梯，大门挑檐，镶青砖，内部梁架简单。

程扶迪宅

位于绩溪县瀛洲镇仁里村47号，建于民国初期。坐西北朝东南，硬山屋顶，占地面积153平方米。前后两进，前进为正厅，后进为厨房，前进的前檐设一天井。重檐二层楼房，一层的前步设拱轩顶，后步为楼，正厅两侧为厢房，厢房的窗门用玻璃装置，大门门楼上的砖雕门罩非常精致。

程关太宅

位于祁门县祁山镇六都村六三组，建于民国时期。坐北朝南。徽派砖木二层三开间前后厅式建筑，四房四厢，前有院，砖制门罩，前后厅均设有天井采光通风，后厅木雕保存较完整。通面阔9.6米，通进深21.5米，占地面积206平方米。

程光华宅

位于歙县许村镇前村东山二组，建于民国时期。坐北朝南，一进三开间楼房。通面阔9.75米，通进深7.7米。有天井，大门朝东开，格子门、窗、窗栏皆不存。

程光权宅

位于歙县徽城镇紫阳村，建于民国时期。坐东朝西，一进三开间砖木结构二层建筑。通面阔8.2米，通进深6.6米，占地面积约54.12平方米。

程广祥宅

位于歙县狮石乡营川村十组，建于民国时期。坐西北朝东南，一进三开间土木结构土墙吊脚楼。通面阔11.45米，通进深5.8米，占地面积66.4平方米。二层楼内全部为松木、杉木结构。有楼板、楼梯等。

程桂英宅

位于歙县徽城镇旸村，建于民国时期。坐北朝南，通面阔9米，通进深12.6米，占地面积114平方米。二进砖木结构二层建筑。

程和平、程月根宅

位于歙县许村镇前村东山一组051号，建于民国时期。坐北朝南，一进二开间建筑。通面阔5.95米，通进深4.9米，占地面积29.16平方米。结构简单，无雕刻。

程和生宅

位于黟县碧阳镇南屏村，建于民国时期。坐西南朝东北，开间8.1米，进深6米，占地面积48.6平方米。一进三开间二层建筑。

程家柽墓

位于休宁县东临溪镇临溪村林竹组大林山山脚。小型土坑木椁墓，墓室直径1.5米，立有墓碑，前立保护标志碑。程家柽生于休宁汉口，曾留学日本，当选过同盟会执行部外务科长，后拟行刺袁世凯，于1914年事泄被捕，英勇就义，灵柩由胞弟运回故里安葬。2012年被列为安徽省重点文物保护单位。

程建平等宅

位于歙县许村镇跳石村下蒲田组，建于民国时期。坐北朝南，一进三开间二过厢楼房。通面阔9.1米，通进深8.2米，占地面积74.62平方米。无天井，门楼有砖雕。有漏窗。

程锦华宅

位于歙县许村镇前村东山三组49号，建于民国时期。坐东朝西，一进三开间。通面阔8.6米，通进深5.9米，占地面积50.74平方米。无雕刻，结构简单。

程锦松宅

位于歙县雄村镇柘林倍村，建于民国时期。坐东朝西，二进三开间二层建筑。通面阔9米，通进深13.4米，占地面积120.6平方米。后进面积小。一层砖结构，二层门面木结构。有花窗，大门一侧倾斜20厘米。有方形石柱础。

程进发宅

位于黟县碧阳镇南屏村，建于民国时期。坐东北朝西南，开间11.1米，进深7.6米，占地面积84.4平方米。三开间带二厢有天井二层建筑。隔扇门窗及木构配件制作精致。

程劲松宅

位于歙县森村乡渔岸村，建于民国时期。坐北朝南，通面阔14.6米，通进深18.2米，占地面积221.52平方米。里外两进，内有偏房。内有天井，圆柱方梁。

程敬义宅

位于歙县王村镇王村后街，建于民国时期。一进三开间砖木结构二层建筑。通面阔8.08米，通进深5.95米，占地面积48平方米。西为大门，临后街。大门有简易门楼。

程静娴宅

位于绩溪县上庄镇上庄村来龙路2号，建于民国时期。坐西北朝东南，开间三间，进深七间，占地面积285平方米。硬山屋顶，砌封火墙，抬梁穿斗并用式梁架，三合土地坪，上下对堂，二楼通转，中置天井，撑拱承挑出檐，木构件斜撑、雀替、窗栏板、隔扇雕刻精美。

程来祥宅

位于歙县雄村镇航步村，建于民国时期。坐西朝东，一进三开间带天井二层建筑。通面阔10.5米，通进深8.1米，占地面积80平方米。有石础。木格子窗。

程立坤宅

位于歙县雄村镇柘林倍村二组，建于民国时期。坐北朝南，一进三开间二层建筑。通面阔9.3米，通进深8.6米，占地面积约79.98平方米。大门门楼有人物砖雕。

程连子宅

位于歙县王村镇王村后街，建于民国时期。坐东朝西临后街，一进二开间砖木结构二层建筑。通面阔6.8米，通进深4.8米，占地面积32.64平方米。大门有简易门楼。

程美琴二号宅

位于歙县许村镇前村，建于民国时期。坐北朝南，二进三开间楼房。通面阔9.6米，通进深8.8米，占地面积84.48平方米。屋面渗漏严重，梁架霉烂。

程美时宅

位于绩溪县上庄镇瑞川村120号，建于民国初期。坐西朝东，占地面积400平方米。上下对堂，二楼通转，东西厢房，中间置一天井，室内的木雕构件均有非常精美的雕刻，南边为附属房，西边为厨房，前有庭院，大门的门楼上书有『美备东南』四字，北厢房窗户上书有『邀月』二字，南厢房窗户上书有『延寿』二字，庭院的门楼上有『环秀』二字。2005年被列为绩溪县重点文物保护单位。

程明祥宅

位于黟县西递镇叶村，建于民国早期。坐东朝西，开间11.37米，进深10.63米，占地面积118.3平方米。三开间带二厢有天井二层建筑，二厢飞罩、横风窗、梁袱、雀替制作较好。

程秋六宅

位于歙县许村镇前村上九二组779号，建于民国时期。坐北朝南，一进三开间楼房。通面阔8.9米，通进深5.9米，占地面积52.51平方米。无天井，无雕刻，原大门墙皮已改建，保存尚好。

程仁林宅

位于歙县雄村镇柘林倍村，建于民国时期。坐北朝南，一进三开间带天井二层建筑。通面阔9.45米，通进深6.54米，占地面积61.8平方米。有格子窗，有方形石柱础。两边有厢房。

程瑞保宅

位于祁门县祁山镇六都村六二组，建于民国早期。坐北朝南，徽派砖木二层三开间前后厅式，前有院，砖制二柱牌坊式院门，前后厅各设天井采光通风，青石、木地板铺设地面。通面阔9.8米，通进深16.5米，占地面积162平方米。

程瑞昌宅

位于歙县许村镇许村高阳四组，建于民国时期。坐西朝东，一进三开间楼房。通面阔9.6米，通进深9.8米，占地面积94.1平方米。

程瑞珠宅

位于歙县许村镇前村东山二组，建于民国时期。坐东朝西，一进三开间楼房。通面阔8.55米，通进深4.4米，占地面积37.62平方米。大门朝北开，无天井，无雕刻。

程森海宅

位于歙县徽城镇斗山街4号，建于民国时期。坐东朝西，一进三开间砖木结构二层建筑。通面阔9.1米，通进深10.3米，占地面积94平方米。格子门，窗镶玻璃，照壁后有楼梯，后为厨房。

程善芳宅

位于黟县宏村镇汤蜀村潭川组，建于民国时期。坐东北朝西南，开间7.39米，进深5.73米，占地面积42.3平方米。三开间带二厢二层建筑。

程善荣宅

位于黟县碧阳镇赤岭村，建于民国时期。坐东朝西，开间9.6米，进深6.95米，占地面积66.7平方米，三开间二层建筑，砖木结构，木构架承重。

程松圭宅

位于黟县碧阳镇赤岭村，建于民国时期。坐南朝北，开间9.85米，进深7.65米，占地面积75.4平方米。三开间二层建筑，砖木结构，木构架承重，木构配件、隔扇等保存较好。

程苏明宅

位于歙县狮石乡营川村洞门脚自然村村口，建于民国时期。坐西朝东，土木结构土墙吊脚楼。通面阔16.4米，通进深5米，占地面积82平方米。松木、杉木结构。有楼板、楼梯等。

程讨饭宅

位于歙县雄村镇柘林村十二组66号，建于民国时期。坐北朝南，一进三开间二层建筑。通面阔9米，通进深5.53米，占地面积49.77平方米。有格子窗。

程天赐宅

位于歙县森村乡满田村，建于民国时期。坐南朝北，一进三开间带二厢二层建筑。通面阔11.2米，通进深9.9米，占地面积110.9平方米。左右两厢，圆柱方梁。

程团结宅

位于黄山区三口镇汪家桥村尚书里组，建于民国时期。二进三开间，高约5米，占地面积158.36平方米。木架结构穿斗式，中柱直接到顶，水门汀地面，平铺式天井，板壁墙，天棚望板。

程维新二号宅

位于黟县碧阳镇南屏村，建于民国时期。坐北朝南，开间6.7米，进深8.2米，占地面积55平方米，三开间带外走廊二层建筑。

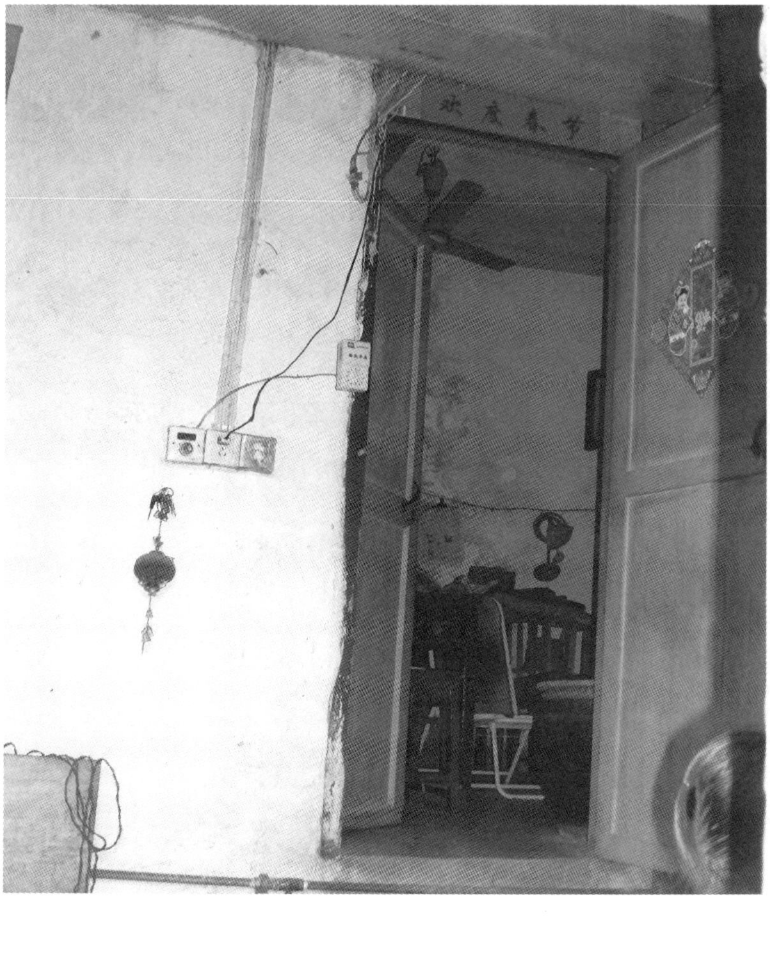

程文周宅

位于歙县徽城镇渔梁街，建于民国时期。坐北朝南，木质土墙二层建筑。通面阔3.05米，通进深7.36米，占地面积22.4平方米。玻璃格子门窗，圆柱高墩支撑。前为大厅，后为厨房。

程锡泉宅

位于黟县碧阳镇钟山村余光组，建于民国时期。坐北朝南，开间9.3米，进深7.7米，占地面积71.6平方米。三开间带二厢有天井二层建筑。

程宪明宅

位于歙县许村镇前村东山三组，建于民国时期。坐东朝西，一进二开间楼房。通面阔5.9米，通进深4.2米，占地面积24.78平方米。无天井，无雕刻，楼梯已拆除。

程小囡宅

位于黟县宏村镇屏山村，建于民国时期。坐西朝东，开间13.69米，进深13.13米，占地面积171.7平方米，三开间带二厢二层建筑，右厢耳门通外巷路，左厢耳门通厨房。大方砖斜铺地面。

程新宝宅

位于歙县徽城镇新北街31号，建于民国时期。坐西朝东，二进三开间砖木结构二层建筑。通面阔3.1米，通进深14.5米，占地面积45平方米。有走廊过道。

程新耕宅

位于黟县碧阳镇郭门社区，建于民国时期。坐西朝东，开间9.6米，进深12.2米，占地面积117.1平方米，三开间上下厅二层建筑，砖木结构。2014年被列为黟县重点文物保护单位。

程秀红宅

位于歙县雄村镇柘林倍村，建于民国时期。坐东朝西，一进三开间。通面阔9.5米，通进深8.3米，占地面积78.85平方米。一层门面砖木结构，二层门面木结构。有格子花窗，部分已被破坏。一层厢房有格子花窗。方形石柱础。

程义涛等宅

位于歙县许村镇前村东山三组，建于民国时期。二进三开间楼房。通面阔9米，通进深10.7米，占地面积96.3平方米。结构简单。

程益和等宅

位于歙县狮石乡营川村，建于民国时期。坐西朝东，土木结构土墙吊脚楼。通面阔24米，通进深5米，占地面积120平方米。松木、杉木结构。有楼板、楼梯等。

程永生宅

位于黟县碧阳镇南屏村，建于民国初期。坐西南朝东北，开间9.5米，进深12.05米，占地面积114.5平方米。三开间带二厢前后厅中天井二层建筑。隔扇门窗及木构配件等制作较精致。

程永泽宅

位于歙县雄村镇柘林倍村，建于民国时期。坐北朝南，一进三开间二层建筑。通面阔9.97米，通进深10.95米，占地面积109.17平方米。一楼门面砖木结构，二楼门面木结构。有格子窗，方形石柱础。

程勇如宅

位于绩溪县伏岭镇西川村66号，建于民国时期。占地面积238平方米。坐东南朝西北。硬山屋顶，砌封火墙，抬梁穿斗并用式梁架，三合土地坪，不设天井，前檐步设明瓦、漏窗，后檐步为人字轩顶，门匾中有砖质阳文『风光月霁』四字，砖雕精致。

程有生宅

位于歙县狮石乡公坦村何家岭自然村，建于民国时期。坐西朝东，土木结构二层建筑。通面阔9.8米，通进深6.2米，占地面积60.7平方米。松木、杉木结构。有楼梯、楼板等。

程有柱、吴灶亭宅

位于歙县昌溪乡红心村戏台坦，建于民国时期。坐东朝西，一进三开间。通面阔8.8米，通进深4.2米，后开间略大，占地面积约38平方米。门楼无砖窗，天井房内无木雕，楼梯置于照壁后，右侧照壁后门朝东。

程玉辉、许本余宅

位于歙县许村镇许村高阳组，建于民国时期。坐北朝南，一进三开间。通面阔10米，通进深7.65米，占地面积76平方米。梁架简单。

程玉心宅

位于歙县徽城镇新南街，建于民国十一年(1922)。坐东朝西，一进三开间带天井二层建筑。通面阔9.73米，通进深5.2米，占地面积51.1平方米。门口木制红漆门套，格子镶玻璃门窗。梁上有斜撑，天井有地漏，圆柱圆墩支撑。

程云香宅

位于歙县王村镇新安村潘村自然村75号，建于民国时期。坐北朝南，一进三开间砖木结构二层建筑。通面阔7.7米，通进深4.7米，占地面积36.19平方米。四面与民居相连。堂前泥地，两厢木板地。

程云珠宅

位于绩溪县伏岭镇湖村大石桥下32号，建于民国初期。坐西北朝东南，占地面积142.7平方米。二进三开间，天井开在前檐，抬梁穿斗并用式梁架。室内的窗栏板雕刻梅、兰、竹、菊，窗门上雕刻八仙人物图案，三合土地坪，外围封火墙，整栋建筑保存完整，梁架和基础较好。

程运荛宅

位于歙县许村镇前村东山三组，建于民国时期。坐东朝西，一进三开间楼房。通面阔9米，通进深5.9米，占地面积53.1平方米。

程灶祥等宅

位于歙县徽城镇古关村，建于民国时期。坐南朝北，二进三开间砖木结构建筑。通面阔8米，通进深8.1米，占地面积65平方米。

程照根宅

位于黟县碧阳镇碧山村碧西组，建于民国时期。坐东北朝西南，开间10.45米，进深7.4米，占地面积77.3平方米。一进三开间二层建筑。木雕刻构件、飞罩等木装修保存较完好，制作工艺精湛。

程祯喜宅

位于歙县桂林镇跳岭村三组，建于民国时期。坐北朝南，一进三开间砖木结构二层建筑。通面阔10米，通进深7.5米，占地面积75平方米。

程中平宅

位于歙县狮石乡公坦村七组，建于民国时期。土木结构土墙吊脚楼。通面阔18.5米，通进深7米，占地面积129.5平方米。松木、杉木结构。有楼梯、楼板等。

赤桥民主小学

位于祁门县凫峰镇赤桥村。1948年10月，中国人民解放军黄西大队在祁门县凫东乡(今凫峰镇)成立凫东乡人民民主政府，并在赤桥方家祠堂兴办了赤桥民主小学。学校设有6个年级，分3个复式教学班，开设的课程有国语、算术、历史、地理、自然、音乐、体育和图画，共8门课。学校还兼办了扫盲夜校，自编识字课本，学记工账，学打算盘。还编印发行了《黄西通讯》报，8开一版，共出版4期。2000年被列为祁门县重点文物保护单位。

崇本堂

位于祁门县箬坑乡双马村红旗组，系叶氏宗祠，建于民国时期。坐东朝西，二进三开间中天井砖木结构建筑。通面阔10米，通进深18.2米，占地面积182平方米。木雕柱础简单，享堂后壁设祖宗牌位。

崇德堂

位于祁门县历口镇铺岭村铺岭组，系程氏宗祠，建于民国时期。坐东朝西，二进五开间中天井砖木结构建筑。通面阔12.5米，通进深17米，占地面积213平方米。无寝堂，祠前有抱鼓石1对。

崇礼堂

位于歙县霞坑镇萌坑村061号，建于民国时期。坐东朝西，二进三开间带厢房带天井砖木结构二层建筑。通面阔10.1米，通进深12.6米，占地面积128平方米。内有较精致的狮子梁撑，天井沿有外挑的雕花小栏杆。大门有砖雕门罩，部分砖雕被破坏，二楼窗子为八卦形。

稠木岭15号宅

位于歙县徽城镇鲍川村稠木岭自然村，建于民国时期。坐南朝北，砖木二层结构。通面阔15.5米，通进深7.15米，占地面积111.2平方米。圆柱方梁支撑，门楼有雕刻绘画。保存状况一般。

稠木岭17号宅

位于歙县徽城镇，建于民国时期。坐南朝北，砖木结构二层建筑。通面阔10.56米，通进深15.5米，占地面积160平方米。圆柱方梁支撑，格子窗，有雕刻，屋内有天窗。

稠木岭54号宅

位于歙县徽城镇鲍川村稠木岭自然村，建于民国时期。坐北朝南，二层砖木结构。通面阔7.9米，通进深6.3米，占地面积49.8平方米。圆柱方梁支撑。年久失修。

稠木岭66号宅

位于歙县徽城镇，建于民国时期。坐北朝南，砖木结构二层建筑。通面阔7.9米，通进深11.2米，占地面积81平方米。圆柱方梁支撑。格子窗。

稠木岭75号宅

位于歙县徽城镇，建于民国时期。坐西朝东，一进三开间二层建筑。通面阔13.2米，通进深10米，占地面积132平方米。木质土墙。旁有进口小屋，正房前有小院，大门有门罩，玻璃格子门窗，圆柱方墩支撑。

储陶铸宅

位于祁门县安凌镇广联村广四组46号，建于民国时期。坐东朝西，砖木二层一厅四厢三开间，砖制门罩，前设天井采光通风，下设明堂，门楼木构架与一般徽派古民居不同。通面阔11.8米，通进深11.8米，占地面积139平方米。

慈荫堂

位于歙县霞坑镇荫坑村53号，建于民国时期。坐东朝西，带厢房砖木结构建筑。通面阔11米，通进深17.6米，占地面积约194平方米。前有小院，大门有门楼，门楼有砖雕。内部窗栏、挂落、斜撑等有雕刻，主要内容为人物、花草。

崔东生宅

位于歙县狮石乡杨柏坪村六组，建于民国时期。坐西北朝东南，一进三开间土木结构土墙吊脚楼。通面阔14.2米，通进深6.8米，占地面积96.6平方米。松木、杉木结构。有楼梯、楼板等。

大北街17号宅

位于歙县徽城镇大北街，建于民国时期。坐西朝东，二进三开间砖木结构二层建筑。通面阔7.67米，通进深15.3米，占地面积117.3平方米。圆柱支撑。

大北街102号宅

位于歙县徽城镇大北街，建于民国时期。坐西朝东，二进砖木结构二层建筑。通面阔3.18米，通进深13.7米，占地面积44平方米。圆柱支撑。

大好河山

位于黄山区黄山风景区温泉景区，题刻于民国二十八年（1939）。刻于崖壁。纵约12米，横约3米。落款为『中华民国廿八年春唐式遵题』。2013年作为黄山摩崖石刻群的组成部分被列为全国重点文物保护单位。

大块文章

位于黄山区黄山风景区鳌鱼峰，题刻于民国二十六年（1937）。刻于峰顶崖壁。纵1米，横4米。落款为『丁丑夏日邹鲁题』。2013年作为黄山摩崖石刻群的组成部分被列为全国重点文物保护单位。

戴厚祥宅

位于黟县宏村镇雉山村卢村组，建于民国时期。坐北朝南，开间8.2米，进深7.4米，占地面积60.7平方米，三开间二层建筑。照壁后上楼。三合土地坪。

戴家法宅

位于绩溪县板桥头乡中村下村61号，建于民国初期。坐北朝南，砖木结构，占地面积110平方米。前后两进，前进正屋为三间，东西为厢房，正厅为三合土地坪，后进部分改建，现作为厨房。砖雕门罩及室内木雕较精美。

戴金芳革命烈士墓

位于黄山区汤口镇社屋坑五股垱林场戴氏宗祠祖墓群，建于民国三十六年(1947)。占地面积20平方米，建筑面积30平方米。坐南朝北，碑立于南端，北有石块叠砌护塝。戴金芳，男，1914年出生，汤口镇冈村人。1945年入伍，为游击队员提供粮食。1948年因叛徒告密，被捕牺牲。

戴天庆等宅

位于黟县宏村镇朱村，建于民国时期。坐东南朝西北，开间10.9米，进深16.85米，占地面积183平方米。二进三开间带二厢二天井二层建筑。右厢耳门通偏厅，大方砖斜铺地面。

『当红军最光荣』标语旧址

位于黟县柯村乡柯村，建于民国时期。坐南朝北，三开间二层建筑。开间8.45米，进深8.7米，占地面积73.5平方米。正面大门，中照壁后上楼。三合土地坪。2004年被列为黟县重点文物保护单位。

德成庵

位于黄山区乌石乡舒溪村杨家组，又称『西峰寺』，建于民国时期。占地面积272.72平方米。二进三开间二层阁楼。木架结构穿斗式，原为三合土地坪，现为水泥地，地沟式天井，白灰砖墙，方柱方梁，天棚望板，前为大殿，后为庑殿，阁楼供肉身菩萨，右厢外墙有《重建德成庵碑记》。

德圆和尚墓

位于黄山区黄山风景区玉屏景区立雪台下，建于民国二十六年（1937）。占地面积约20平方米。花岗岩石塔，地面以上由六边形须弥座、六面体塔身和六角单檐葫芦宝顶组成，通高约1.5米。德圆，文殊院僧。塔身正面镌塔名『文殊堂上上德下圆老和尚之塔』。塔后立青石碑，居中竖刻『文殊堂上上德下圆老和尚之墓』。2013年被列为黄山风景区文物保护单位。

邓转荣宅

位于黟县宏村镇屏山村，建于民国时期。坐北朝南，开间10.16米，进深7.56米，占地面积76.8平方米。四开间带二厢有天井二层建筑。右厢耳门通厨房，大方砖地面。

地母坛

位于祁门县闪里镇桃源村上首，建于民国时期。一进三开间砖木结构二层建筑。面阔12.7米，进深17.4米，占地面积221平方米。二楼供奉地母娘娘、观音菩萨、地藏王。

丁春枝宅

位于黄山区三口镇白果树村山下组，建于民国时期。占地面积111.6平方米。二进三开间，中为天井，水门汀地面，前进天棚望板，二进为二层，斜撑简易，无雕刻。

丁高升宅

位于歙县许村镇许村东升五组(河前)，建于民国初期。坐西朝东，一进三开间楼房。通面阔9.4米，通进深4.8米，占地面积45.12平方米。

丁美玉宅

位于黟县宏村镇雉山村卢村组，建于民国时期。坐东朝西，开间8.9米，进深12.4米，占地面积110.4平方米。三开间二层建筑。沿河而建，门口有美人靠回廊。

丁样爱、吴广平宅

位于黟县宏村镇塔川村协里组，建于民国时期。坐东朝西，开间9.2米，进深7.6米，占地面积69.9平方米。三开间二层建筑。有天井，前檐右边门为入口，照壁后上楼。

丁灶生宅

位于歙县森村乡满田村，建于民国时期。坐北朝南，一进三开间带二厢二层建筑。通面阔9.9米，通进深8.7米，占地面积80.2平方米。门楼雕刻精美，圆柱方梁。

东关桥

位于婺源县段莘乡大汜村外3千米处，由大汜村余庆生独资兴建于民国初期。全长20米，1孔8米，宽6米，高8米。工艺精美。2005年被列为婺源县重点文物保护单位。

东升民居

位于歙县许村镇许村，建于民国时期。坐东朝西，二进三开间楼房。通面阔8.75米，通进深12.43米。占地面积108.76平方米。门楼有砖雕。

董友裕宅

位于黟县碧阳镇丰梧村河西组，建于民国时期。坐南朝北，开间8.35米，进深11.55米，占地面积96.4平方米。三开间带二厢上下厅中天井二层建筑。左边房间后照壁上楼，砖木结构，上下厅前檐缝下有统开间隔扇。

斗山街10-17号宅

位于歙县徽城镇斗山街，建于民国时期。坐北朝南，三进三开间带厢房带天井砖木结构二层建筑。通面阔8.5米，通进深28.4米，占地面积约240平方米。天井两侧有回廊，两边厢房，照墙西边设楼梯，后进天井，两边厢房，后进照壁后为厨房。厨房后有院。

斗山街20号宅

位于歙县徽城镇斗山街，建于民国时期。坐北朝南，二进三开间带厢房带天井砖木结构二层建筑。通面阔11.04米，通进深10.05米，占地面积110平方米。天井狭长，两侧有回廊，东边有小院。大厅两边为厢房，照壁后堆杂物，格子门和窗门有花草图案木雕，镶有玻璃。

斗山街31-6号宅

位于歙县徽城镇斗山街，建于民国时期。坐北朝南，二进三开间带厢房带天井砖木结构二层建筑。通面阔9.27米，通进深20米，占地面积185平方米。前堂为正厅，两边有厢房，天井较为狭小，西面设楼梯。

笃庆堂

位于祁门县历口镇湘东村高枧组，系胡氏宗祠，建于民国时期。坐南朝北，三进三开间砖木结构建筑。通面阔13米，通进深32米，占地面积416平方米。祠前设有抱鼓石1对，前后天井，寝堂设有石栏板、祖宗牌位。

杜安心宅

位于黄山区永丰乡永丰村卓村自然村北部西侧，建于民国时期。门向西，占地面积158平方米，高约6.2米。木架结构穿斗式。水门汀地面，平铺式天井，天棚望板，一进四开间，左有偏房，为厨房。

杜冠英墓

位于黄山区永丰乡永丰村上升组，建于现代。占地面积38平方米。20世纪60年代从河东迁立此处，原墓址在浙江。现内葬三棺，墓外形为拜台形制，石质垒砌，上有墓碑。2014年被列为黄山区重点文物保护单位。

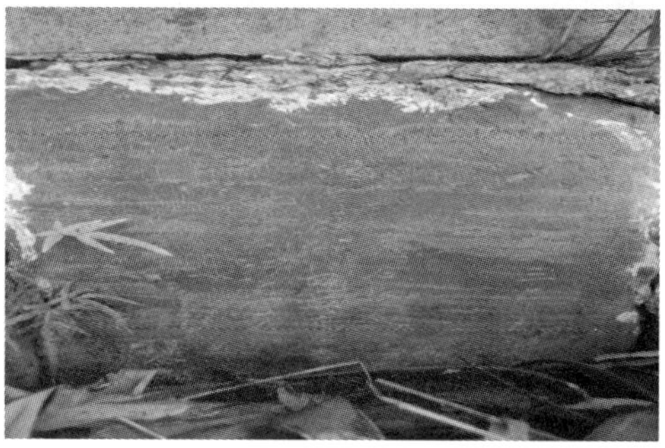

杜志华宅

位于歙县徽城镇南源口村，建于民国时期。坐东朝西，带天井二层建筑。通面阔16.7米，通进深13.65米，占地面积约228平方米。天井开阔，墙角有砖雕，青石门楼，格子窗镶玻璃。

惇德堂

位于祁门县历口镇环砂村屏山组，系程氏宗祠，建于民国时期。坐北朝南，二进三开间砖木结构建筑。通面阔9米，通进深16.8米，占地面积151平方米。

敦义堂

位于祁门县箬坑乡合利村杨村组，系王氏宗祠，建于民国时期。坐北朝南，二进三开间。通面阔10.6米，通进深15米，占地面积159平方米。建筑体量较小，用材不大，祠内无精雕细作。

范根花宅

位于歙县深渡镇，建于民国时期。坐北朝南，一进三开间。通面阔5.1米，通进深12米，占地面积61.2平方米。房后设楼梯，大门周边镶青砖挑檐。内部保护尚好。

范连进宅

位于歙县雄村镇柘林倍村，建于民国时期。坐北朝南，一进三开间二层建筑。通面阔8.6米，通进深5.55米，占地面积47.73平方米。一层门面砖木结构，二层门面木结构。一层大门一侧向内倾斜，厅堂内有方形石础。

方爱香宅

位于歙县霞坑镇棋山村22号，建于民国时期。坐北朝南，一进三开间二层建筑。通面阔10米，通进深13米，占地面积130平方米。南边大门前有院子，院子东边是厨房，东侧有边门。大门有砖雕门罩，斜门檐，上有透窗采光。屋内窗栏板有木雕。

方爱芝宅

位于歙县杞梓里镇西村，建于民国十三年（1924）。坐北朝南，砖木结构二层建筑。通面阔6.5米，通进深6米，占地面积39平方米。青石门框，简易门楼。

方柏成宅

位于歙县徽城镇渔梁街，建于民国时期。坐西朝东，二进三开间砖木结构建筑。通面阔9.12米，通进深11.8米，占地面积108平方米。

方柏云宅

位于歙县徽城镇渔梁街，建于民国时期。坐西朝东，一进二开间砖木结构二层建筑。通面阔4.5米，通进深8.5米，占地面积38.25平方米。

方邦良、方邦正宅

位于歙县雄村镇浦口村，建于民国时期。坐北朝南，一进三开间。占地面积137.8平方米。主体结构保存完整，门罩被完全破坏，窗门脚石上有石雕。

方保华等宅

位于歙县徽城镇渔梁街，建于民国时期。坐南朝北，砖木结构二层建筑。通面阔5米，通进深4.8米，占地面积24平方米。

方长翠等宅

位于歙县杞梓里镇胡川村，建于民国十年（1921）。坐北朝南，一进三开间砖木结构二层建筑。通面阔8.9米，通进深6.6米，占地面积58.7平方米。

方常水宅

位于歙县杞梓里镇小源村，建于民国三十年（1941）。坐西南朝东北，一进三开间砖木结构二层建筑。通面阔5米，通进深9.9米，占地面积49.5平方米。

方诚沐宅

位于歙县坑口乡瀹源村瀹坑自然村，建于民国时期。坐东朝西，一进三开间砖木结构二层建筑。通面阔9.1米，通进深6米，占地面积54.6平方米。有马头墙砖雕门楼，有木槛窗门和窗衣。

方炽杰宅

位于歙县雄村镇柘林倍村，建于民国时期。坐东朝西，一进三开间带天井。通面阔7.9米，通进深6.3米，占地面积49.8平方米。有一小天井。

方传乐等宅

位于歙县三阳镇高峰村螺丝形组，建于民国时期。一进三开间二层建筑，砖木结构。通面阔9.5米，通进深9.1米，占地面积86.5平方米。无门楼、木雕。

方春茂等宅

位于歙县三阳镇中村，建于民国时期。一进三开间二层建筑。通面阔9.9米，通进深7.6米，占地面积75.24平方米。有大院，与方春仪等宅对门。

方春英宅

位于歙县徽城镇金山村，建于民国时期。坐南朝北，二层建筑。通面阔4.3米，通进深6.1米，占地面积26平方米。砖雕门楼。

方大贵宅

位于歙县杞梓里镇滩培村，建于民国时期。坐东朝西，一进三开间砖木结构二层建筑。通面阔10.5米，通进深6.2米，占地面积65.1平方米。

方大祥宅

位于歙县杞梓里镇五春村长湾岭自然村，建于民国时期。坐西朝东，一进三开间楼房。通面阔5.5米，通进深8.2米，占地面积45.1平方米。

方道纯宅

位于歙县王村镇新安村烟村自然村287号，建于民国时期。坐北朝南，二进三开间楼房。通面阔10.2米，通进深11.5米，占地面积117.3平方米。有大院。进院长廊有雀替2块。院内为石板路，路边镶鹅卵石。屋内有雀替两层。

方德安宅

位于歙县武阳乡方村二组，建于民国时期。坐北朝南，一进三开间。通面阔8.3米，通进深8.1米，占地面积67.2平方米。

方德华宅

位于歙县徽城镇鲍川村方家自然村，建于民国时期。坐北朝南，二进三开间砖木结构二层建筑。通面阔8.6米，通进深10米，占地面积86平方米。有小冬瓜梁。有门楼和漏窗。

方德全宅

位于歙县许村镇跳石村小圩组，建于民国初期。坐西朝东，一进三开间楼房。通面阔9.15米，通进深8.6米，占地面积78.69平方米。梁撑木雕完整，简单砖雕。无天井。

方冬苟宅

位于歙县王村镇新安村烟村自然村中街路口北侧，建于民国时期。坐西朝东，一进三开间砖木结构二层建筑。通面阔10米，通进深8米，占地面积80平方米。门楼有6块精致砖雕。石块铺设地面，有地袱6块。

方敦厚宅

位于歙县徽城镇大北街31号，建于民国时期。坐西朝东，通面阔3.1米，通进深7.38米，占地面积23平方米。木质房屋，圆柱支撑。

方敦伙宅

位于歙县杞梓里镇五春村，建于民国时期。坐东朝西，一进三开间楼房。通面阔12.6米，通进深12.9米，占地面积162.54平方米。大门上方有漏窗，内部结构简单。

方敦培宅

位于歙县坑口乡瀹源村瀹坑自然村，建于民国时期。坐西北朝东南，一进三开间砖木结构二层建筑。通面阔8.51米，通进深4.75米，占地面积40.42平方米。『人』字脊。

方观有宅

位于屯溪区奕棋镇朱村，建于民国时期。坐北朝南，一进三开间砖木结构二层建筑。占地面积约86平方米。穿斗式构架，硬山式屋顶。前为天井，明间为厅，两次间为厢房，天井明堂屋地面无落差，太师壁后设楼梯，自东向西登楼。

方汉文宅

位于歙县杞梓里镇胡川村，建于民国二十年(1931)。坐北朝南，一进三开间砖木结构二层建筑。通面阔6.4米，通进深7.2米，占地面积46.1平方米。青石门框。

方荷花宅

位于歙县霞坑镇棋山村027号，建于民国时期。坐西朝东，一进三开间砖木结构二层建筑。通面阔9.1米，通进深8.2米，占地面积74.62平方米。屋内木雕、门楼砖雕被拆卖。屋后为树林，屋前有坦。

方后荣宅

位于歙县许村镇箬岭村茅舍组，建于民国时期。坐西朝东，板壁楼房。通面阔9.6米，通进深7.6米，占地面积73平方米。

方季成宅

位于歙县雄村镇浦口村四组，建于民国时期。坐西朝东，二进一开间二层建筑。通面阔3.7米，通进深7.8米，占地面积28.9平方米。

方继德宅

位于歙县徽城镇南源口村王村茂自然村，建于民国时期。坐北朝南，砖木结构二层建筑。通面阔6.84米，通进深5.4米，占地面积37.1平方米。

方金荣宅

位于歙县北岸镇瞻淇村，建于民国时期。坐东北朝西南，二进三开间楼房。通面阔11.6米，通进深13.7米，占地面积158.9平方米。侧有一附院，内有水井一口。木雕甚为精美，斜撑为『八仙』题材，各仙神态各异，极具动感。2006年被列为歙县重点文物保护单位。

方金香宅

位于歙县杞梓里镇茶枝园村降头组，建于民国时期。坐北朝南，一进三开间带二厢三层建筑。通面阔9.4米，通进深10.3米，占地面积96.8平方米。明二暗三，青石门框。

方金玉宅

位于歙县森村乡皋径村，建于民国初年。坐北朝南，一进二开间。通面阔10米，通进深4.4米，占地面积44平方米。圆柱方梁。

方立国宅

位于歙县许村镇许村高阳四组，建于民国时期。坐西朝东，一进三开间楼房。通面阔8.8米，通进深4.7米，占地面积41.4平方米。内部无雕刻。

方立坤宅

位于歙县坑口乡瀹源村瀹坑自然村，建于民国时期。坐北朝南，主宅一进三开间楼房。通面阔9米，通进深14.3米，占地面积87.6平方米。主宅对面是三开间砖木结构厨房。主宅及院子均铺麻石板地面，『八』字式院门。砖、木雕刻精美。

方榴花等宅

位于歙县昌溪乡昌溪村红旗庙下店老街，建于民国时期。坐东朝西，一进三开间。面阔9.73米，进深7.45米，占地面积72.5平方米。圆弧门楼，顶为砖窗。中堂两侧为两个厢房，东面有自家小院一处。

方敏等二号宅

位于歙县三阳镇高峰村螺丝形组，建于民国时期。坐东朝西，一进三开间二层砖木结构。通面阔8.2米，通进深9米，占地面积73.8平方米。

方敏等一号宅

位于歙县三阳镇高峰村螺丝形组，建于民国时期。坐东朝西，一进三开间二层砖木结构。通面阔5.45米，通进深7.7米，占地面积42平方米。有屏风。

方佩林宅

位于黟县宏潭乡竹溪村，建于民国时期。坐北朝南。开间10.2米，进深8.6米，占地面积87.7平方米。三开间二层建筑。有天井，明间大厅为单层见顶，左侧门为入口，东西间后步设双楼梯上楼。三合土地坪。构配件、隔扇门窗制作精致。

方日东宅

位于歙县徽城镇鲍川村方家自然村，建于民国时期。坐北朝南，通面阔13米，通进深8.2米，占地面积108平方米。

方荣仙宅

位于歙县徽城镇鲍川村方家自然村，建于民国时期。坐西朝东，一进三开间。通面阔10.5米，通进深10.1米，占地面积107平方米。

方荣跃宅

位于歙县徽城镇鲍川村方家自然村，建于民国时期。坐西朝东，通面阔8.55米，通进深7.4米，占地面积63.27平方米。

方森林宅

位于歙县坑口乡瀹源村瀹坑自然村，建于民国时期。坐北朝南，一进三开间二层建筑。通面阔16.1米，通进深10.32米，占地面积166.15平方米。主宅砖木结构，附宅左厢二开间二层建筑。

方胜国宅

位于歙县雄村镇柘林村八组，建于民国时期。坐东朝西，一进一开间。通面阔4.95米，通进深7.55米，占地面积35平方米。有小冬瓜梁，方形石础。

方氏宗祠

位于歙县三阳镇竹源村，又名『怀德堂』，建于民国时期。三进二明堂。通面阔12.4米，通进深32.45米，占地面积402.38平方米。木雕精美，还有8块竖匾，1块横匾。2006年被列为歙县重点文物保护单位。

方五生等宅

位于歙县杞梓里镇桐子湾村，建于民国初年。坐西南朝东北，一进三开间砖木结构二层建筑。通面阔8.8米，通进深8米，占地面积70平方米。大门有门楼和漏窗。

方亚兵宅

位于歙县坑口乡瀹源村瀹坑自然村，建于民国时期。坐南朝北，一进三开间砖木结构二层建筑。通面阔10.08米，通进深10.05米，占地面积113.4平方米。水磨砖门楼。

方亚萍宅

位于歙县徽城镇鲍川村方家自然村，建于民国时期。坐西朝东，通面阔16.85米，通进深8.5米，占地面积143平方米。砖雕门楼。

方要仙宅

位于歙县徽城镇渔梁村，建于民国时期。坐北朝南，一进三开间砖木结构二层建筑。通面阔5.8米，通进深6.7米，占地面积39平方米。

方义礼宅

位于黟县宏潭乡竹溪村，建于民国时期。坐北朝南。开间11.8米，进深10.6米，占地面积125.1平方米。后厅前门屋三开间二层建筑。有天井，正前面为大门，后厅东西间后步设双楼梯上楼。厅为单层见顶，设人字轩，门屋设卷棚轩，天井檐口设鹅颈轩。

方应生等宅

位于歙县武阳乡方村一组，建于民国时期。坐北朝南，一进三开间楼房。通面阔5.8米，通进深8.6米，占地面积49.8平方米。大门有砖雕门楼，部分砖雕被破坏。

方永明、方仁贵宅

位于歙县杞梓里镇小源村，建于民国初年。坐北朝南，占地面积38平方米。砖木结构二层建筑。青石门框。

方永明宅

位于歙县杞梓里镇小源村，建于民国时期。坐东朝西，一进三开间砖木结构二层建筑。通面阔8.5米，通进深4.5米，占地面积38.3平方米。

方友安宅

位于歙县徽城镇鲍川村琳村组，建于民国时期。坐东北朝西南，砖木结构二层建筑。通面阔7.75米，通进深6米，占地面积46.5平方米。门罩有砖雕。青砖地面。

方玉莲宅

位于歙县杞梓里镇小源村，建于民国时期。坐北朝南，一进三开间砖木结构二层建筑。通面阔5米，通进深7.4米，占地面积37平方米。

方元辉宅

位于歙县坑口乡瀹潭村铺里183号，建于民国时期。坐东朝西，二进三开间砖木结构二层建筑。通面阔13.44米，通进深17.57米，占地面积220平方米。大门有门罩，大门两边的窗子上有三角形构图雕刻，内部梁架简单，隔扇窗台有精美木雕。

方云发宅

位于歙县徽城镇新南街14号，建于民国时期。坐西朝东，二进三开间二层建筑。通面阔18.7米，通进深15.4米，占地面积约288平方米。木质墨漆，中间大庭院，内院左侧房内有八棱形方井。内院房屋内有门套，圆柱方墩，木刻雕栏，玻璃格子门窗。门窗欧式风格。

方震华宅

位于绩溪县瀛洲镇浒里村65号，建于民国初期。坐东朝西，占地面积188平方米。三进三开间二层建筑。抬梁穿斗并用式梁架。前、中、后进各设一天井，撑拱承挑出檐，三合土地坪，外围封火墙。室内的木雕构件雕刻简单，整栋建筑保存完整。

方志刚宅

位于歙县深渡镇绵潭村河口组，建于民国时期。坐东南朝西北，一进三开间二过厢二层建筑。通面阔10.2米，通进深10.4米，占地面积106.08平方米。正厅后楼梯，大门顶挑檐，大门周边镶素面青砖。

方制宜宅

位于歙县坑口乡瀹潭村，建于民国时期。通面阔14米，通进深13.7米，占地面积191.38平方米。坐西朝东，主宅一进三开间砖木结构二层建筑。左厢房单间，青石板墙院，漏窗，门楼、厢房砖雕精美。门厅、石坦、石凳陈设雅致。

方忠恕堂

位于歙县坑口乡瀹源村瀹坑自然村，建于民国二十二年(1933)。坐北朝南，通面阔17.8米，通进深16米，占地面积256平方米。主屋三开间四合式砖木结构二层建筑。厢房四开间。主屋左边上楼，厢房右前角设二步楼梯。砖木雕刻精美。

丰季宅

位于歙县雄村镇夏坑村，建于民国时期。坐南朝北，二进三开间二层建筑。通面阔7.35米，通进深6米，占地面积44.1平方米。一层门面砖结构，二层门面木结构。方形石柱础。

丰立国宅

位于歙县雄村镇夏坑村六组，建于民国时期。坐北朝南，一进三开间带厢房带天井二层建筑。通面阔12.15米，通进深9.85米，占地面积119.68平方米。两侧有厢房，有花窗，装玻璃。二楼有格子窗。方形石柱础。简易斜撑。

丰立明等宅

位于歙县雄村镇夏坑村六组，建于民国时期。坐北朝南，一进三开间二层建筑。通面阔9.8米，通进深9.3米，占地面积90.45平方米。大门口有门楼，格子窗，小冬瓜梁。方形石柱础。西边为厢房。

冯富尧、冯志善宅

位于歙县霞坑镇鸿飞村十组329号，建于民国时期。坐东南朝西北，一进三开间。通面阔9.9米，通进深9.2米，占地面积91.08平方米。大门上有砖雕，屋内有柏木柱子，青石柱础，木雕精细。

冯志远宅

位于祁门县历口镇光辉村大一组，建于民国时期。坐北朝南，一进三开间徽派砖木结构二层建筑。通面阔9.6米，通进深9米，占地面积86平方米。砖雕门罩，前设天井采光通风，屋内斜撑、花窗雕刻较好，青石、木地板铺设地面。

冯治象宅

位于歙县霞坑镇鸿飞村141号，建于民国时期。坐西南朝东北，一进三开间二层建筑。通面阔12米，通进深8米，占地面积96平方米。大门门罩上有砖雕，内部梁架上有精致木雕。二楼开有八卦形小窗。

凤翔山村学堂

位于歙县昌溪乡坝源村凤翔山组，建于民国时期。一进三开间中天井。通面阔9.3米，通进深10.3米，占地面积约95.8平方米。建筑宏伟，用料大，下堂梁小，上堂梁较大。无厢房，有梁柁梁撑，木雕亦较精美。后堂为两层，楼梯位于屋外，堂高采光佳。

奉县示禁碑

位于休宁县蓝田镇迪岭村周村组村民周兴林家中，刻于民国时期。青石碑，高0.93米，宽0.48米，上楷书阴刻『奉县示禁』。落款为『洪宪印元年一月十四日』。

佛

位于黄山区黄山风景区松谷景区，题刻于民国时期。刻于翡翠池石上。纵2.9米，横1.4米。2013年作为黄山摩崖石刻群的组成部分被列为全国重点文物保护单位。

福

位于黄山区黄山风景区松谷景区，题刻于民国时期。刻于翡翠池侧崖壁。纵2.4米，横1.6米。2013年作为黄山摩崖石刻群的组成部分被列为全国重点文物保护单位。

傅荣祖宅

位于黟县碧阳镇北街社区，建于民国时期。坐西朝东。开间7.6米，进深6.3米，占地面积47.9平方米。三开间有天井二层建筑。正前面为入口大门，屋外厨房内上楼。砖木结构，木构架承重，木构架、装修等较完整，构配件、隔扇等较好，保存较完整。

高桂菊宅

位于歙县徽城镇鲍川村方家自然村，建于民国时期。坐北朝南，通面阔9.5米，通进深8.2米，占地面积78平方米。有简易门楼。

寡妇亭

位于黟县宏潭乡竹溪村，建于民国时期。坐北朝南，开间4.3米，进深4.6米，占地面积19.8平方米。一开间全石结构建筑。结构简朴。相传古代美溪李氏姑娘与宏潭竹溪村方氏男子订婚结亲，因方氏不幸过世，李氏虽未过门，坚守婚约，按婚期嫁往方家。一直操劳孝敬公婆终生。方氏家族为旌表这位忠贞尽孝的女子，特立寡妇亭以纪念。2016年被列为黟县重点文物保护单位。

观瀑楼

位于黄山区黄山风景区温泉景区桃花峰麓，始建于民国二十八年（1939）。宫殿式二层建筑，占地面积626平方米。平面呈『凸』字形，花岗岩石砌外墙，彩绘列枋，木构屋面盖黄色琉璃筒瓦。一楼设门厅、外廊，有内围外沿两列红漆立柱共18根；二楼设弯月形观景露台，占地面积约40平方米。『观瀑楼』匾额为赵朴初所题。2013年作为黄山登山古道及古建筑的组成部分被列为全国重点文物保护单位。

贵源祠桥

位于祁门县平里镇贵溪村贵源组小坑上，建于民国八年（1919）。东西走向，单孔，青石砌筑。桥面宽31.1米，长4.8米，高3米。原桥址上建有祠堂，现已毁。有桥碑无桥名，刻有建造年代『民国八年孟冬月立』。

桂霞光宅

位于黟县碧阳镇南屏村，建于民国时期。坐西朝东，开间10.75米，进深9.55米，占地面积102.7平方米。三开间带二厢前后厅二天井二层建筑。

过溪厅

位于歙县森村乡黄备村公园自然村，建于民国时期。坐西朝东，通面阔18.5米，通进深11.2米，占地面积207.2平方米。

韩荣萱、韩金林宅

位于黟县宏村镇大同村万村组，建于民国时期。坐南朝北。开间9.95米，进深8.2米，占地面积81.62平方米。三开间带二厢无天井二层建筑。照壁后上楼，右厢耳门通厨房。

韩维乐、韩忠庭宅

位于黟县宏村镇龙江村，建于民国时期。坐北朝南。开间8.6米，进深7.2米，占地面积61.9平方米。三开间有天井二层建筑。右边前檐门为入口。条砖铺地，木构架，装修等保存较完整。

韩友培宅

位于黟县宏村镇塔川村西山组，建于民国初期。坐东北朝西南。开间9.35米，进深9.10米，占地面积85.1平方米。三开间有天井二层建筑。正面大门，照壁后上楼。

韩云龙宅

位于歙县昌溪乡昌溪村上田组，建于民国后期。坐西朝东，一进三开间。通面阔 11.1 米，通进深 4.8 米，占地面积 53.3 平方米。前有小院，无木质雕刻。

何爱丽宅

位于歙县深渡镇绵潭村辉一组，建于民国时期。坐北朝南。通面阔 9.4 米，通进深 7.8 米，占地面积 73.32 平方米。同样二间的二楼前厅后房建筑。厅后楼梯。大门顶挑檐，镶青砖。

何富贵宅

位于黟县碧阳镇石亭村，建于民国时期。坐北朝南。开间11.3米，进深11.1米，占地面积125.4平方米。三开间上下堂带二厢中天井二层建筑。隔扇门窗、横风窗、飞罩、砖雕门楼制作精美。

何国强宅

位于黄山区谭家桥镇中墩村墩上组，建于民国时期。二进三开间，高约5.5米，占地面积236.84平方米。二进二天井。前门进，天井回廊均有阁楼。木架结构穿斗式。中柱直接到顶，水门汀地面，平铺式天井，板壁墙，天棚封檐。

何建培宅

位于黟县宏村镇际村西头组，建于民国时期。坐东北朝西南，开间8.1米，进深6.08米，占地面积49.2平方米，三开间二层建筑，照壁后上楼，左厢侧耳门通外路，右厢侧耳门通偏屋。有门楼。

何瑞仙宅

位于黟县宏村镇龙江村蓬厦组，建于民国时期。坐西朝东。开间6.19米，进深8.47米，占地面积52.4平方米。三开间带二厢二层建筑。

何善荣宅

位于歙县徽城镇就田村，建于民国时期。坐北朝南，一进三开间砖木结构二层建筑。通面阔10米，通进深9米，占地面积90平方米。门上有砖雕、木雕和漏窗。

何新平宅

位于黟县碧阳镇星火村中光组，建于民国时期。坐北朝南。开间9.75米，进深8.15米，占地面积79.5平方米。三开间砖木结构二层建筑。木构架承重。木构架、装修等较完整，门楼制作较好。

和顺堂

位于祁门县箬坑乡双马村马口组，系叶氏宗祠，建于民国时期。坐北朝南，三进三开间前后天井砖木结构建筑。通面阔10米，通进深28.6米，占地面积286平方米。祠前有院，祠内有木雕、柱础等。

红春小学旧房

位于歙县狮石乡营川村，建于民国时期。坐西北朝东南，土木结构建筑。通面阔13.4米，通进深6.2米，占地面积83.08平方米。

红军北上抗日先遣队畲村战斗遗址

位于婺源县段莘乡畲村禁止岭。1935年1月5日上午9时，红军北上抗日先遣队一部在婺源东北部畲村与敌军伍诚仁部二九一团展开激战。先遣队占领畲村与王村之间的高地禁止岭，利用有利地形打退了敌人的多次进攻。目前该遗址尚在。

红军医院烈士墓

位于祁门县安凌镇菖蒲村枣树组村外一低山坡上。坐西朝东，由拜台、墓冢、墓碑组成。占地面积约89平方米。墓南侧山坡原有红军医院，附近村庄有放哨树。

红庙

位于黟县渔亭镇桃源村，始建于民国时期，后重建。坐南朝北，面阔5.52米，进深4.7米，占地面积25.9平方米。一开间砖木结构建筑。红墙青瓦，马头墙。

洪爱娟宅

位于歙县徽城镇鲍川村塘坞自然村16号，建于民国时期。坐北朝南，一进三开间砖木结构二层建筑。通面阔4.85米，通进深12.95米，占地面积约62.8平方米。

洪安定等宅

位于歙县三阳镇三阳村（靠后山），建于民国时期。一进三开间。通面阔6.7米，通进深14.5米，占地面积97.15平方米。前正堂，后房。

洪宝全等宅

位于歙县三阳镇三阳村398号，建于民国时期。通面阔5.8米，通进深14.5米，占地面积84.1平方米。砖木结构。有小院，暗三层。有照壁，前正堂后房间，有侧厨房等附属房。曾作为盐行。

洪必忠宅

位于歙县杞梓里镇西村，建于民国时期。坐北朝南，二进三开间楼房。通面阔9.6米，通进深12.8米，占地面积122.88平方米。大门门楼有简易砖雕，内部斜撑等构件有雕刻，部分被破坏。

洪炳源等宅

位于歙县三阳镇中村，建于民国时期。通面阔7.8米，通进深21.1米，占地面积165平方米。有大院，正屋有门楼，有砖雕和墙画。

洪道根宅

位于歙县三阳镇叶村，建于民国时期。一进三开间。通面阔6.1米，通进深15.08米，占地面积92平方米。有院子。

洪道仁宅

位于歙县三阳镇竹铺村，建于民国时期。坐北朝南。一进三开间二层建筑。通面阔5.4米，通进深8.95米，占地面积48.3平方米。

洪道伟等宅

位于歙县三阳镇叶村，建于民国时期。一进三开间二层建筑。通面阔9.1米，通进深14.88米，占地面积135.4平方米。有院子，有后房。

洪德建宅

位于歙县雄村镇卖花渔村，建于民国初期。坐西朝东偏南，二进三开间二层建筑。通面阔12.1米，通进深10.65米，占地面积129平方米。大门门楼有砖雕，格子门有梁柁。

洪东华宅

位于歙县三阳镇三阳村578号，建于民国时期。通面阔3.5米，通进深8.55米，占地面积29.9平方米。门面、室内、地面已重新装潢。大门上方有漏窗。

洪东牛宅

位于歙县三阳镇竹铺村，建于民国时期。坐南朝北。一进三开间。通面阔6.4米，通进深14.7米，占地面积94.08平方米。有院落(后改建)，有门楼、墙画、木雕梁柁，暗三层。院门朝东开。

洪冬宅

位于歙县三阳镇高峰村螺丝形自然村，建于民国时期。二进三开间二层建筑。通面阔10.2米，通进深16.4米，占地面积167.28平方米。有木雕窗花，有院子。

洪广新宅

位于歙县三阳镇三阳村老街，建于民国时期。二进三开间一明堂二层建筑。通面阔7.95米，通进深13.7米，占地面积108.92平方米。六开门，曾作为合作社。

洪华荣等宅

位于歙县三阳镇美川村，建于民国末年。坐西南朝东北，一进三开间砖木结构楼房。通面阔5.35米，通进深7.65米，占地面积40.9平方米。前厅堂，有屏风，后两厢房。

洪惠芳等宅

位于歙县三阳镇三阳村377号，建于民国时期。一进三开间二层建筑。通面阔6.6米，通进深8.4米，占地面积55.44平方米。

洪吉鸿宅

位于歙县三阳镇竹铺村，建于民国时期。一进三开间。通面阔5.4米，通进深8.95米，占地面积48平方米。后间厨房，进门头顶上为天井。

洪金土等宅

位于歙县三阳镇高峰村荷花形自然村，建于民国时期。坐北朝南，一进三开间。通面阔5.7米，通进深8.2米，占地面积46.74平方米。砖木结构，有门楼。

洪楷道宅

位于歙县三阳镇竹铺村，建于民国时期。一进三开间二层建筑。通面阔7.4米，通进深6.6米，占地面积48.84平方米。有门楼。

洪楷水等宅

位于歙县三阳镇中村，建于民国时期。一进三开间二层建筑。通面阔9.4米，通进深6.9米，占地面积65平方米。大门有门楼，门楼有精美砖雕。内部构件有雕刻。

洪来广宅

位于歙县三阳镇竹铺村，建于民国初期。一进三开间。通面阔6.35米，通进深8.4米，占地面积53.34平方米。门楼有墙画，有旁门，暗三层。

洪来香等宅

位于歙县三阳镇叶村，建于民国时期。二进三开间二层建筑。通面阔9米，通进深18.36米，占地面积165.24平方米。有院，窗顶有窗楼砖雕。有木雕窗格。

洪榴山宅

位于歙县北岸镇显村，建于民国时期。坐北朝南，一进三开间。通面阔6米，通进深6.9米，占地面积41.4平方米。有少许门楼砖雕，内有少量木雕。

洪美娣宅

位于歙县三阳镇中村，建于民国时期。一进三开间二层建筑。通面阔6.7米，通进深5.5米，占地面积30.15平方米。俗称『奉厅』，有小院。

洪妹果等宅

位于歙县三阳镇高峰村荷花形自然村，建于民国时期。坐北朝南，三开间。通面阔9.55米，通进深9.8米，占地面积93.6平方米。墙体严重开裂，砖木结构，有门楼。

洪庆富等宅

位于歙县三阳镇美川村，建于民国末年。坐西南朝东北，二层建筑。通面阔9.95米，通进深9.1米，占地面积90.55平方米。有墙画。

洪秋生宅

位于歙县三阳镇美川村，建于民国时期。坐西南朝东北，一进三开间砖木结构二层建筑。通面阔5.45米，通进深7.65米，占地面积41.7平方米。前厅后房，石门。

洪瑞法宅

位于歙县杞梓里镇五春村五亩组，建于民国时期。坐东北朝西南，一进三开间。通面阔9.4米，通进深8.2米，占地面积77.1平方米。大门门楼有少量砖雕。

洪瑞仂宅

位于歙县雄村镇富岱村二组，建于民国时期。坐北朝南，一进三开间楼房。通面阔10米，通进深8.6米，占地面积86平方米。大门门楼有砖雕。

洪三信宅

位于歙县三阳镇三阳村288号，建于民国时期。一进三开间二层建筑。通面阔8.47米，通进深4.2米，占地面积35.57平方米。大门有简易门楼。

洪善友宅

位于歙县三阳镇三阳村，建于民国时期。一进三开间二层建筑。通面阔5.8米，通进深5.2米，占地面积82.94平方米。有大院。

洪社海等宅

位于歙县三阳镇小岫村，建于民国时期。一进三开间砖木结构二层建筑。通面阔10.1米，通进深8.6米，占地面积87平方米。与东边屋相连，即现潘月香等宅，结构大小相同。

洪声基宅

位于歙县三阳镇竹铺村，建于民国时期。坐北朝南，一进三开间。通面阔5.1米，通进深8.85米，占地面积45.14平方米。大门居中，上、左、右皆开窗，内部梁架简单。

洪氏老宅

位于歙县王村镇十字街，建于民国时期。坐北朝南，一进三开间砖木结构二层建筑。通面阔9.55米，通进深6.55米，占地面积62.55平方米。大门有简易门楼。

洪双喜宅

位于歙县三阳镇三阳村老街，建于民国时期。一进三开间二层建筑。通面阔3.4米，通进深5.9米，占地面积20.06平方米。后厢房已改建。

洪四九等宅

位于歙县三阳镇中村，建于民国时期。一进三开间二层建筑。通面阔8.5米，通进深6.25米，占地面积53.1平方米。有天窗，有小门楼。

洪四来等宅

位于歙县三阳镇小岫村，建于民国时期。坐西北朝东南，一进三开间。通面阔6.3米，通进深8.9米。大门上方有漏窗，宅内有木雕、梁柁，有墙头画。

洪桐华等宅

位于歙县三阳镇美川村，建于民国时期。坐西北朝东南，一进三开间二层建筑。通面阔9.7米，通进深8.9米，占地面积86.33平方米。木雕花窗。

洪学枝宅

位于歙县三阳镇竹铺村，建于民国时期。一进三开间二层建筑。通面阔5.2米，通进深9.4米，占地面积48.88平方米。『卍』字式窗格，洋石灰门楼。祖上为生意人，洋石灰为日本进口，从杭州运来。旁厨房改建，门前坦改为院子。

洪雪飞故居

位于歙县三阳镇三阳村，建于民国时期。坐西朝东，一进三开间。通面阔10.1米，通进深10.8米，占地面积109平方米。内部木雕精美，基本保存完好。有砖雕门楼。有楼，有院。2017年被列为黄山市重点文物保护单位。

洪炎生等宅

位于歙县三阳镇高峰村荷花形自然村，建于民国时期。一进三开间。通面阔5.5米，通进深7.85米，占地面积43.2平方米。砖木结构，有门楼、墙画。

洪玉辉等宅

位于歙县三阳镇中村，建于民国时期。一进三开间二层建筑。通面阔8.8米，通进深7.3米，占地面积64.24平方米。有院落。

洪灶根宅

位于歙县雄村镇富岱村三组，建于民国时期。坐北朝南，一进三开间。通面阔10.85米，通进深10米，占地面积108.5平方米。大门有门楼，门楼有砖雕，雕刻狮子、人物。

洪灶金宅

位于歙县三阳镇中村169号，建于民国时期。一进三开间二层建筑。通面阔8.35米，通进深12.6米，占地面积104.8平方米。有小院，大门上方有窗。

洪灶友宅

位于歙县三阳镇中村，建于民国时期。一进三开间二层建筑。通面阔6.7米，通进深7.5米，占地面积50.3平方米。大门上方有漏窗。

洪正果宅

位于歙县三阳镇中村，建于民国时期。一进三开间二层建筑。通面阔6.1米，通进深9米，占地面积54平方米。大门有简易门楼。

洪政道宅

位于歙县三阳镇竹铺村，建于民国时期。一进三开间楼房。通面阔9.6米，通进深8.6米，占地面积82.56平方米。

洪自强宅

位于歙县雄村镇雄村山斗组，建于民国时期。坐南朝北，一进三开间二层建筑。通面阔9.7米，通进深7.3米。一层门面砖墙结构，二层门面木结构。方形石础。

洪祖衡等宅

位于歙县三阳镇三阳村老街，建于民国时期。二进三开间一明堂二层建筑。通面阔11.3米，通进深18.9米，占地面积213.57平方米。旁小门进巷，入后院大门。有石雕门楼。

胡爱芳、胡招男宅

位于黟县碧阳镇古黄村古筑组，建于民国时期。坐北朝南，三开间二层建筑。开间8.5米，进深7.85米，占地面积66.7平方米。

胡爱丽宅

位于歙县王村镇新安村烟村自然村117号，建于民国时期。坐北朝南，一进三开间带厢房砖木结构二层建筑。通面阔6.3米，通进深13.7米，占地面积86.56平方米。有院子。堂前铺水泥地面，两侧厢房铺木地板。

胡爱婷宅

位于歙县徽城镇紫阳村，建于民国时期。坐南朝北，砖木结构二层建筑。通面阔2.75米，通进深6.3米，占地面积17.3平方米。

胡柏浩宅

位于歙县深渡镇漳村湾村自然村，建于民国时期。坐东南朝西北，一进三开间二厢房二层建筑。通面阔9.6米，通进深8.7米，占地面积85.44平方米。带小院，厅后有楼梯。门楼青砖素墙。

胡成日宅

位于歙县雄村镇鲍坑村，建于民国时期。三进三开间二层建筑。通面阔8.7米，通进深8.67米，占地面积70.2平方米。花板，格子窗。

胡成业、胡利宣二号宅

位于黟县碧阳镇星火村陈闾组，建于民国时期。坐西南朝东北。开间10.75米，进深19.16米，占地面积180.5平方米。主楼带偏厅形制，主楼三间上厅下堂二层建筑，偏厅一间二层建筑，有天井。砖木结构，木构架承重，木构架、装修等较完整，构配件、隔扇门窗等较好。

胡崇英等宅

位于黟县碧阳镇横岗村，建于民国时期。坐北朝南，前后进三开间带二厢上下厅二天井二层建筑。开间10.45米，进深15.95米，占地面积166.7平方米。隔扇、横风窗、飞罩等木构配件及装修等制作较精致。

胡春林宅

位于黟县碧阳镇星火村陈闾组，建于民国时期。坐北朝南。开间10.3米，进深9.9米，占地面积102平方米。二进后统前三开间有天井二层建筑。砖木结构，木构架承重。房屋木构架、装修较完整，木构配件、隔扇门窗制作较好。

胡春生、胡庭辉宅

位于黟县宏村镇汤蜀村胡村组，建于民国时期。坐西朝东偏北，三开间带二厢上下厅中天井二层建筑。开间9.88米，进深12.11米，占地面积113.6平方米。大门朝前，左厢侧耳门通外路，右厢侧耳门外上楼。

胡德根宅

位于歙县深渡镇漳村湾村自然村，建于民国时期。坐东南朝西北，占地面积172.9平方米。分主楼、包厢、厨房三间。主楼三开间带二厢。厅后有楼梯，木框架结构。厢房门窗木雕精致。大门楼挑檐，周边镶青砖。墙角窗沿有古装人物画。偏房为三开间二过厢。内部为木质结构。有天井，厅后有楼梯。左侧厨房为阁楼式。园门素面。

胡德浩宅

位于绩溪县伏岭镇胡家村80号，建于民国时期。坐东南朝西北，占地面积238平方米。硬山式屋顶，南、西、北三向砌封火墙，抬梁穿斗并用式梁架，三合土地坪。内构件有狮撑、雀替、窗门等，特别是明间上首的2个驼峰，雕刻成花篮式，风格独特，较为罕见。

胡德绿宅

位于黟县宏潭乡宏潭村南村组，建于民国时期。坐西朝东，上下堂三开间跑马楼式二层建筑。开间10.8米，进深13.15米，占地面积142平方米。上厅明间为单层见顶，有天井。正前面为入口大门，照壁后上楼。

胡东友宅

位于黟县宏村镇龙江村下轴组，建于民国时期。坐北朝南，三开间(厅堂式)带二厢二层建筑。开间16.5米，进深10.73米，占地面积177.0平方米。有天井，偏厅为前后厅中天井二层建筑。主屋左侧门通偏厅，右侧门通厨房，正面大门入口和偏厅前檐有门楼。

胡栋荣宅

位于黟县宏村镇汤蜀村蜀里组，建于民国时期。坐西朝东，三开间带二厢二层建筑。开间9.5米，进深7.15米，占地面积67.9平方米。左边间前檐墙门通外为入口大门，照壁后上楼。

胡干平宅

位于黟县西递镇西递村，建于民国时期。坐东北朝西南，三开间二层建筑。主体通面阔10.9米，通进深7.1米，建筑面积176.6平方米。

胡淦成宅

位于歙县雄村镇鲍坑村十二组，建于民国时期。坐东朝西，二进一开间二层建筑。通面阔4.9米，通进深5.2米，占地面积25.48平方米。

胡观成宅

位于歙县雄村镇鲍坑村八组98号，建于民国时期。坐南朝北，一进三开间二层建筑。通面阔9.1米，通进深8.2米，占地面积74.6平方米。有石础。

胡观明宅

位于歙县雄村镇鲍坑村十二组112号，建于民国时期。坐南朝北，一进三开间。通面阔9.5米，通进深6.4米，占地面积60.8平方米。木结构二层建筑。格子窗。方形柱础。

胡光景宅

位于歙县富堨镇富堨村美满组，建于民国中期。坐西朝东，二进三开间二层建筑。前进面阔14.1米，进深7.2米；后进面阔14.1米，进深11.8米。前后进占地面积267.9平方米。

胡光炎宅

位于歙县深渡镇漳村湾村自然村，建于民国时期。坐东北朝西南，二层建筑。通面阔14.2米，通进深7.4米，占地面积105.08平方米。分主楼、包厢。主楼一进三开间二过厢，木框架结构。厅后为楼梯，大门顶挑檐，周边镶青砖。边楼为二层，前厅后房。粉素墙。

胡光宅

位于黟县碧阳镇横岗村，建于民国时期。坐西朝东，一进三开间上下厅一天井二层建筑。开间10.25米，进深8.15米，占地面积83.5平方米。隔扇门窗、飞罩等木雕刻构配件保存基本完好。

胡桂荪宅

位于黟县碧阳镇横岗村，建于民国时期。坐西朝东，三开间带二厢前后厅中天井二层建筑。开间11.1米，进深12.65米，占地面积140.4平方米。梁撑、雀替等木雕刻构配件保存完好，制作较精致。

胡桂新宅

位于黟县碧阳镇南屏村，建于民国时期。坐北朝南，三开间中天井两边房砖木结构二层建筑。开间11.4米，进深12.2米，占地面积139.1平方米。

胡国年宅

位于绩溪县上庄镇上庄村来龙路3号，建于民国时期。坐西北朝东南，占地面积272平方米。硬山式屋顶，抬梁穿斗并用式梁架。砌封火墙，方砖地坪。上下对堂，二楼通转，中设天井。

胡和平、卢碧生宅

位于黟县宏村镇雉山村卢村组，建于民国时期。坐北朝南，三开间上下厅中天井二层建筑。开间10.65米，进深14.45米，占地面积153.9平方米。照壁后上楼。木构架及木装修制作较好。

胡黑女等宅

位于歙县徽城镇紫阳村榨川组，建于民国时期。坐西朝东，一进三开间砖木结构二层建筑。通面阔8.75米，通进深6米，占地面积52.5平方米。

胡红光宅

位于黟县碧阳镇横岗村，建于民国时期。坐西朝东，开间10.8米，进深12.3米，占地面积132.8平方米。三开间厅堂式带二厢上下厅中天井二层建筑。前檐直梁为冬瓜梁，梁袱、雀替、斜撑等木构配件和木装修等制作保存较完整，前廊部有卷棚轩，木构架基本完好。

胡华波宅

位于歙县雄村镇夏坑村，建于民国时期。坐北朝南，一进三开间二层建筑。通面阔9.4米，通进深13.6米，占地面积127.84平方米。大门东面为木结构。方形石柱础。

胡华庆、胡承华宅

位于黟县宏村镇汤蜀村蜀里组，建于民国时期。坐北朝南。开间13.95米，进深8.0米，占地面积111.6平方米。三开间带二厢有天井二层建筑。照壁后上楼，大门朝前，左厢侧耳门通偏厅，偏厅右边门通厨房，右厢侧耳门通后为偏屋。木构架及装修制作较好。

胡慧圃宅

位于歙县雄村镇夏坑村四组，建于民国时期。坐东朝西，一进三开间二层建筑。通面阔7.8米，通进深4.65米，占地面积36.27平方米。格子窗，雕花斜撑。

胡慧园宅

位于歙县雄村镇夏坑村，建于民国时期。坐东朝西，一进一开间砖木结构二层建筑。通面阔7.8米，通进深4.6米，占地面积35.88平方米。大门有门楼。

胡继志宅

位于黟县西递镇霭峰村上村组，建于民国时期。堂名『思济堂』。坐北朝南，原大门朝东，开间10.06米，进深6.94米，占地面积69.8平方米。三开间带二厢有天井二层建筑。后将大门楼移至正面朝南，隔扇、飞罩、梁撑、雀替等保存完整，雕刻精致，正门天棚有彩绘。

胡建东宅

位于祁门县安凌镇土峰村土峰组，建于民国时期。坐北朝南，徽派前后厅对开式砖木结构二层建筑。通面阔10.4米，通进深11.7米，占地面积122平方米。大门为木制牌坊式嵌于墙内，中设天井采光通风，青石板、三合土铺设地面。

胡建平宅

位于黟县碧阳镇碧山村碧东组，建于民国时期。坐北朝南，一进三开间一天井二层建筑。开间9.7米，进深7.8米，占地面积75.7平方米。现存木构架及装修基本完整。

胡建生宅

位于绩溪县上庄镇上庄村来龙路15号，建于民国时期。坐西南朝东北，占地面积174平方米。硬山式屋顶，砌封火墙，抬梁穿斗并用式梁架。中设天井，三合土地坪。上下对堂，二楼通转。撑拱承挑出檐，檐部装置裙板。木构件斜撑、雀替、窗栏板、隔扇雕刻精美。

胡建雄等宅

位于歙县北岸镇高山村槐棠自然村三组，建于民国时期。坐北朝南，二进三开间。通面阔8.9米，通进深12.89米，占地面积114.72平方米。门楼有砖雕，内部有木雕，门前有坦。

胡健依宅

位于歙县雄村镇鲍坑村十二组121号，建于民国时期。坐西朝东，二进一开间二层建筑。通面阔3.25米，通进深5米，占地面积16.25平方米。

胡金华宅

位于黟县西递镇西递村，建于民国初期。坐北朝南，三开间二层建筑。通面阔11米，通进深9.2米，占地面积42.3平方米。

胡锦旗宅

位于黄山区龙门乡龙源村七元里组，建于民国时期。一进三开间带三偏房。占地面积87.84平方米，高约5.6米。木架结构穿斗式，水门汀地面，平铺式天井。板壁墙，天棚望砖，西厢有阁楼。

胡进贵宅

位于黟县碧阳镇星火村闾山组，建于民国时期。坐东朝西，三开间有天井砖木结构二层建筑。开间10.6米，进深7.1米，占地面积75.3平方米。木构架承重，木构架、装修等较完整，木构配件、隔扇门窗等保存较完好。

胡进田宅

位于黟县碧阳镇星火村闾山组，建于民国时期。坐北朝南，三开间砖木结构二层建筑。开间8.7米，进深5.25米，占地面积48.7平方米。统廊有腰檐。木构架承重，房屋木构架、装修较完整，半槛墙、隔扇门窗等完好。

胡晋接故居

位于绩溪县华阳镇良安路北大街10号，建于民国四年(1915)。砖木结构，由门厅、庭院、正厅、厨房、书房、菜园几部分组成。主体结构正厅为前后二进三开间二层通转楼。整栋建筑基本保持原貌，结构简朴大方。2000年被列为绩溪县重点文物保护单位。

胡克信宅

位于黟县宏潭乡宏潭村，建于民国时期。坐南朝北，开间8.2米，进深13米，占地面积106.6平方米。上下堂三开间带二厢有天井二层建筑。上厅明间为单层见顶。正前面为大门，前厅右边间后步设楼梯。

胡来珍宅

位于歙县徽城镇渔梁街渔梁路68号，建于民国时期。坐南朝北，通面阔4米，通进深8.15米，占地面积33平方米。砖木结构二层建筑。

胡莉英宅

位于歙县王村镇新安村烟村自然村，建于民国时期。坐北朝南，一进三开间砖木结构二层建筑。通面阔10.1米，通进深10.8米，占地面积109.08平方米。有院子。堂内左右各有6扇木雕窗，有8把太师椅。

胡立娃宅

位于歙县雄村镇浦口村一组，建于民国时期。坐东朝西，一进三开间。通面阔9.7米，通进深6.8米，占地面积66平方米。大门有格子窗。

胡丽玲宅

位于歙县雄村镇庄源村八组，建于民国时期。二进三开间带天井。通面阔5.12米，通进深13.32米，占地面积68.2平方米。有门楼，有格子窗和花板。有石础。

胡利水、查锦媛宅

位于黟县宏村镇塔川村西山组，建于民国时期。坐北朝南，开间9.85米，进深8.82米，占地面积86.9平方米。三开间有天井二层建筑。中厅前廊部设卷棚轩，正面大门，照壁后上楼。

胡良玉宅

位于祁门县箬坑乡双马村马山组，建于民国时期。坐西朝东，一进三开间徽派砖木结构二层建筑。通面阔10米，通进深8.7米，占地面积87平方米。砖制彩绘双面门罩，前设天井采光通风，屋内月梁、斜撑、雀替等雕刻保存完整，青石、木地板铺设地面。

胡明华宅

位于歙县深渡镇绵潭村新二组，建于民国时期。坐西朝东，一进三开间二层建筑。通面阔5.8米，通进深10.2米，占地面积59.16平方米。前厅后房，厅后上楼。毛石门框，粉素墙。

胡佩金宅

位于歙县雄村镇鲍坑村九组100号，建于民国时期。坐南朝北，一进三开间。通面阔9.6米，通进深4.75米，占地面积45.6平方米。

胡琴月宅

位于绩溪县伏岭镇胡家村，建于民国初期。坐东北朝西南。占地面积92平方米。东、西、南三向砌封火墙，抬梁穿斗并用式梁架，三合土地坪。天井设在前檐，撑拱承挑出檐，檐部装裙板和矮窗，矮窗花心为嵌玻璃式。整栋建筑保存基本完整。

胡荣发等宅

位于黟县宏村镇汤蜀村蜀里组，建于民国时期。坐北朝南，开间9.5米，进深20.9米，占地面积189.4平方米。三进三开间带厢廊有天井二层建筑。中进前廊部有卷棚轩天棚。三合土斜方格地面，木构配件制作较精致。木构及装修保存较好。

胡瑞玲宅

位于歙县徽城镇紫阳村，建于民国时期。坐南朝北，三进一开间砖木结构二层建筑。通面阔4.62米，通进深18.95米，占地面积87.55平方米。

胡少琦宅

位于歙县徽城镇南屏村忠堡自然村，建于民国时期。坐北朝南，一进三开间砖木结构二层建筑。通面阔3.55米，通进深5.2米，占地面积19平方米。

胡绍珠等宅

位于歙县徽城镇程家坞村，建于民国时期。坐北朝南，一进三开间砖木结构二层建筑。通面阔9.16米，通进深5.76米，占地面积52.76平方米。

胡胜如、胡建如宅

位于黟县宏村镇塔川村芳村组，建于民国早期。坐北朝南，开间9.6米，进深8米，占地面积76.8平方米。三开间二层建筑。正面大门，照壁后上楼。黄泥土地面。房屋木构架、装修等较全。

胡适祖、父墓

位于绩溪县上庄镇余川村西北面的一小山包上，建于民国时期。坐北朝南，依山开穴，占地面积65平方米，整个墓由墓塘、坟面、坟冢、墓碑几大部分组成。墓内共葬有四人：胡适父亲胡传、母亲冯顺娣、祖父胡奎熙、祖母程太夫人。墓碑由书法家郑孝胥书写，墓塘内置有石桌、石凳一套。2005年被列为绩溪县重点文物保护单位。

胡寿基宅

位于绩溪县上庄镇上庄村适之路25号，建于民国初期。占地面积315平方米。坐北朝南，砖木结构。抬梁穿斗并用式梁架，硬山屋顶，方砖墁地，主楼平面呈『亚』字形，中设天井。砖雕门罩细腻精致，隔扇、矮窗、撑拱、雀替件件保存完好。2005年被列为绩溪县重点文物保护单位。

胡水仙宅

位于歙县徽城镇程家坞村，建于民国时期。坐南朝北，砖木结构二层建筑。通面阔6.83米，通进深5.8米，占地面积39.6平方米。

胡顺珠宅

位于歙县徽城镇鲍川村后坞自然村，建于民国时期。坐南朝北，一进三开间砖木结构二层建筑。通面阔10.25米，通进深15.4米，占地面积约158平方米。简易门楼。

胡通益宅

位于歙县杞梓里镇西村，建于民国时期。坐北朝南，一进三开间楼房。通面阔6.4米，通进深7.4米，占地面积47.36平方米。大门有简易门楼，内部结构简单。

胡文斌宅

位于歙县徽城镇紫阳村，建于民国时期。坐西朝东，砖木结构二层建筑。通面阔3.05米，通进深6米，占地面积约18.3平方米。

胡霞吉宅

位于祁门县渚口乡渚口村前街组，建于民国时期。坐北朝南，徽派砖木结构二层建筑。前天井，中明堂，一进五开间。通面阔15米，通进深9米，占地面积135平方米。

胡小立宅

位于黟县西递镇霭峰村上村组，建于民国时期。坐南朝北。开间8.3米，进深6.63米，占地面积55平方米。三开间带二厢二层建筑，厢廊一层建筑，一披水向前。木构架、木装修等保存较好。

胡小林宅

位于徽州区西溪南镇巴村琵塘三组，建于民国时期。坐北朝南，建筑面积204.9平方米。上下对堂走马楼式二层建筑。进门为门厅，两次间为住房。上堂三间，中间为厅，两次间为住房。

胡小羊宅

位于歙县雄村镇鲍坑村九组，建于民国时期。坐北朝南，一进三开间二层建筑。通面阔9.25米，通进深8.36米，占地面积77.33平方米。大门门楼有砖雕。

胡小要宅

位于歙县徽城镇渔梁街158号，建于民国时期。坐北朝南，通面阔7.6米，通进深6.5米，占地面积33平方米。木质土墙二层建筑。圆柱方墩支撑。玻璃格子门窗。

胡孝杰等宅

位于歙县北岸镇高山村槐棠自然村二组，建于民国时期。坐北朝南，通面阔17.43米，通进深12.9米，占地面积224.85平方米。由左右相连的两幢组成。大门和厨房有门楼，有院子，正屋内砖、木雕精美。

胡欣建宅

位于黟县宏村镇汤蜀村蜀里组，建于民国时期。坐北朝南。开间15.85米，进深9.15米，占地面积115.3平方米。三开间带二厢有天井二层建筑。房内有阁楼，通道进房间。

胡雪琴宅

位于歙县徽城镇紫阳村，建于民国时期。坐北朝南，砖木结构二层建筑。通面阔6.23米，通进深10.6米，占地面积66.03平方米。后进厨房倒塌。

胡亚中宅

位于绩溪县上庄镇上庄村村中路32号，建于民国时期。坐北朝南。上下对堂二层建筑。中设天井，门框上方有雕刻精美的砖雕门罩，大门两侧有砖窗罩。大门内设木质影壁，二楼天井，檐用撑拱承挑，四向有矮窗装修。

胡宜意宅

位于黟县碧阳镇星火村间山组，建于民国时期。坐北朝南。开间10.05米，进深8.25米，占地面积82.9平方米。三开间有天井二层建筑。砖木结构，木构架承重，木构架、装修较完整，构配件、隔扇等制作较好。

胡永彪宅

位于黟县宏村镇塔川村芳村组，建于民国时期。坐西朝东。开间9.65米，进深8米，占地面积77.2平方米。三开间二层建筑。正面大门，照壁后上楼。房屋木构架较完整。

胡云飞等宅

位于歙县徽城镇程家坞村，建于民国时期。坐北朝南，砖木结构二层建筑。通面阔9.5米，通进深7.5米，占地面积71.25平方米。

胡云如宅

位于歙县徽城镇大梅口村，建于民国时期。坐北朝南，一进三开间砖木结构二层建筑。通面阔8米，通进深6.1米，占地面积约49平方米。格子墙窗，外墙有人物风景图绘。

胡灶荣宅

位于黟县碧阳镇星火村闾山组，建于民国时期。坐北朝南。开间10.2米，进深10.95米，占地面积111.7平方米。三开间带二厢统廊有天井二层建筑。砖木结构，木构架承重，房屋木构架及装修较完整。

胡招弟宅

位于黟县宏村镇汤蜀村胡村组，建于民国时期。坐西朝东偏北。开间11.49米，进深5.12米，占地面积58.9平方米。三开间带二厢有天井二层建筑。左边间前檐墙门通外巷，右厢侧耳门通偏厅，偏厅右边墙门通外路为入口大门，偏厅后壁上楼。三合土地坪。

胡正喜宅

位于祁门县安凌镇雷湖村上分组，建于民国时期。坐西南朝东北，一厅四厢三开间徽派砖木二层建筑。通面阔10.2米，进深10.1米，占地面积103平方米。砖制门罩，前设天井采光通风，屋内木雕较少，方形柱础。

胡志洪、胡继旺宅

位于黟县宏潭乡宏潭村，建于民国时期。坐西南朝东北。开间10.85米，进深10.4米，占地面积112.8平方米。三开间上厅下堂二层建筑，上、下明间为单层见顶，设人字轩。正前面为入口大门，上厅东西间后步设双楼梯上楼。

胡志清宅

位于歙县霞坑镇里方村六组，建于民国时期。坐西北朝东南，一进三开间二层建筑。通面阔7米，通进深10.4米，占地面积73平方米。无雕刻，结构简单。

胡志田宅

位于歙县徽城镇南屏村忠堡自然村，建于民国初期。坐北朝南，砖木结构二层建筑。通面阔3.3米，通进深5.15米，占地面积约17平方米。门楼下有图绘，砂石地面。

胡忠直宅

位于歙县徽城镇渔梁街，建于民国时期。坐北朝南，二进一开间砖木结构二层建筑。通面阔3.9米，通进深9.1米，占地面积约36平方米。

胡竹如宅

位于绩溪县瀛洲镇龙川村村尾，建于民国初期。坐北朝南，一进三开间二层建筑。占地面积167平方米。硬山屋顶，东、南、西三向砌封火墙，抬梁穿斗并用式梁架，三合土地坪。前檐置一天井，撑拱承挑出檐，檐部装修裙板及矮窗。大门的门罩上有五飞砖，有简易门罩。室内的撑拱、雀替、驼峰、窗门雕刻精美。

胡竹生宅

位于歙县雄村镇鲍坑村三组，建于民国时期。坐北朝南，一进三开间。通面阔8.75米，通进深6.16米，占地面积53.9平方米。有砖雕门楼，有冬瓜梁。

护村墙

位于歙县昌溪乡昌溪村红心上自然村村头大塘坑，建于民国二十四年（1935）。全部采用当地石头垒成，东西长23米，高5.3米，墙厚2.8米，拱门高3米，下有小溪流过。此墙北面碑额上书『叠石作障』，上、下款分别为『民国二十四年仲春』和『昌溪吴氏』，南面上书『众志成城』四字。

华玉堂

位于歙县霞坑镇萌坑村042号、043号，建于民国时期。坐东朝西，三进三开间带厢房二层建筑。通面阔9.9米，通进深23.9米，占地面积240平方米。大门有砖雕门罩，上方有八卦形小窗。前有小院，上下堂有厢房，内有精细木雕，木雕狮子斜撑上承雕花栏杆，饰有精美挂落。

画境

位于黄山区黄山风景区西海景区，题刻于民国二十八年（1939）。刻于飞来石上。纵0.9米，横1.8米。落款为『画境己卯仲秋陈斯白书』。2013年作为黄山摩崖石刻群的组成部分被列为全国重点文物保护单位。

黄标建宅

位于黟县碧阳镇古黄村黄村组，建于民国时期。坐北朝南。开间9.7米，进深8.8米，占地面积85.4平方米。一进三开间一廊二层建筑。基本无木雕构配件，装修较简单，门窗等基本保存完好。

黄朝阳宅

位于黟县碧阳镇古黄村黄村组，建于民国时期。坐北朝南。开间10.95米，进深5.9米，占地面积60.8平方米。三开间带二厢有天井二层建筑。

黄春九宅

位于黟县渔亭镇汪村，建于民国时期。坐北朝南。开间10.9米，进深19.7米，占地面积214.7平方米。二进三开间前后厅有天井二层建筑。正前面大门，后进照壁后上楼。青条石铺地。木构架、装修等保存较完整，隔扇门窗等保存完整。

黄村会议旧址

位于婺源县大鄣山乡黄村。1948年7月，中共皖南地区前进委员会在黄村召开扩大会议，宣布中共皖南地委决定，在南进新开辟地区成立中共皖浙赣地区工作委员会。旧址为『百柱宗祠』。占地面积1200平方米。2006年被列为全国重点文物保护单位。

黄国平宅

位于黟县宏村镇龙江村神堂组，建于民国时期。坐西朝东。开间10.85米，进深7.15米，占地面积77.6平方米。三开间二层建筑。正面大门，照壁后上楼。三合土地坪。

黄国云宅

位于歙县许村镇许村东沙自然村，建于民国时期。坐西朝东，一进三开间楼房。通面阔9.2米，通进深7.9米。砖雕基本完整，窗栏保存尚好。有简易门楼。

黄继德宅

位于黟县宏村镇屏山村，建于民国时期。坐北朝南。开间9.58米，进深11.39米，占地面积109.1平方米。前后进三开间带二厢二层建筑。前左厢通外巷路，后右厢通厨房，楼梯在前进照壁后。

黄健宅

位于歙县徽城镇解放街向阳路15号，建于民国时期。坐东朝西，二进三开间带天井二层建筑。通面阔9.8米，通进深6.52米，占地面积64平方米。圆柱圆墩支撑，木质红漆。玻璃格子门窗，前厅进口有门套，天井宽敞，斜撑为童子形状，雕刻细腻，栩栩如生。

黄开复宅

位于黟县碧阳镇古黄村黄村组，建于民国时期。坐北朝南，开间8.1米，进深6.45米，占地面积52.2平方米。一进三开间一天井二层建筑。木构架保存尚好。

《黄山报》旧址

位于黄山区新明乡樵山村荷花坑组。为20世纪30年代建造的汪氏族屋，故又称『汪氏社屋』。1947年9月，根据革命斗争的需要，中共皖南地委在此创刊发行了机关刊物《黄山报》，是当时苏浙皖游击根据地正式出版的唯一党报。从皖南各地征集到的11张《黄山报》（其中1947年出版3期，1948年出版8期）和14期《黄山报》号外，现珍藏在安徽省博物院。2017年被列为黄山市重点文物保护单位。

黄士陵故居

位于黟县碧阳镇古黄村黄村组，建于民国时期。坐西朝东，一进三开间上下堂一天井砖木结构二层建筑。开间9.3米，进深13米，占地面积120.9平方米。木构架基本完好。2008年被列为黄山市重点文物保护单位。

黄淑燕宅

位于黟县碧阳镇南屏村，建于民国时期。坐西朝东，三开间厅堂式带二厢上下厅有天井二层建筑。开间9.85米，进深12.1米，占地面积119.2平方米。砖、木、石构配件及木装修等制作较完好，大门砖雕门楼制作水平较高。

黄杏花宅

位于歙县徽城镇南屏村潘岭自然村，建于民国时期。坐北朝南，二层建筑。通面阔6.15米，通进深8.2米，占地面积约51平方米。门楼有砖雕。

黄跃忠宅

位于黟县宏村镇际村西头组，建于民国时期。坐西朝东，三开间带二厢有天井二层建筑。开间9.06米，进深6.55米，占地面积59.3平方米。大门朝前。

篁墩中街18号宅

位于屯溪区屯光镇篁墩村中街18号，建于民国时期。占地面积66平方米。坐东朝西，一进三开间暗天井砖木结构二层楼房。穿斗式，硬山式屋顶。明间为店铺，两次间为厢房，建筑整体朴素大方。

会宾楼

位于婺源县镇头镇游山村，建于民国初期。占地面积180平方米。清末官宦董辅元的会客楼。楼内装潢中西结合，楼梯及扶手为西式，包有铜皮。楼上屏风、门扇、窗户的木雕精美、细致，保存完好，并留有一榻床。2005年被列为婺源县重点文物保护单位。

会源桥

位于祁门县祁山镇和平村聚源桥下首，由乔山公建于民国十四年(1925)。东西走向，单孔，青石砌筑，青石板铺设桥面，用料硕大，砌筑精细。长21米，宽4.7米，高4.5米，跨度6.8米。

慧明桥

位于黄山区黄山风景区北海景区贡阳山麓黑虎松下方，由居士王森甫始建于民国十四年（1925），1962年重建。花岗岩石砌筑方孔平桥。长7.3米，宽2.5米。设望柱式石桥栏，中间栏板阳刻『慧明桥』额。2013年作为黄山登山古道及古建筑的组成部分被列为全国重点文物保护单位。

集成桥

位于徽州区洽舍乡洽舍村东水库，建于民国时期。长40米，宽8米，高约10米，占地面积320平方米。双孔，麻石砌筑。两孔间嵌青石桥名匾『集成桥』，落款为『民国二十七年』。

集和堂中药店

位于歙县徽城镇大北街1号，建于民国时期。坐西朝东，二层建筑。通面阔13.65米，通进深4.4米，占地面积60.6平方米。有门楼。2006年被列为歙县重点文物保护单位。

继善堂

位于歙县王村镇王村十字街口，建于民国时期。坐东朝西，二进三开间楼房。通面阔5.4米，通进深10.4米，占地面积56.16平方米。西面与洪家老宅相连。

江爱珍宅

位于歙县徽城镇渔梁村长青路41号，建于民国时期。坐北朝南，通面阔14.2米，通进深22.2米，占地面积315.24平方米。带天井砖木结构二层建筑。

江长寿宅

位于祁门县渚口乡樵溪村江村组，建于近现代。坐北朝南，二进三开间砖木二层建筑。通面阔10米，通进深12.8米，占地面积128平方米。前后堂，中设楼梯。保存较好，无雕刻。

江德发宅

位于歙县徽城镇紫阳村，建于民国时期。坐北朝南，砖木结构二层建筑。通面阔3.3米，通进深9.35米，占地面积30.86平方米。

江发根宅

位于歙县武阳乡洽河村丰坑组，建于民国时期。坐北朝南，一进三开间楼房。通面阔9米，通进深5.6米，占地面积50.6平方米。

江发龙等宅

位于歙县许村镇跳石村深川组，建于民国时期。坐北朝南，一进三开间楼房。通面阔8.5米，通进深7.2米，占地面积61.2平方米。无天井。

江锋等宅

位于歙县徽城镇南源口村，建于民国时期。坐东朝西，一进三开间砖木结构二层建筑。通面阔5.75米，通进深12.1米，占地面积约69.6平方米。

江光华宅

位于黟县碧阳镇麻田社区，建于民国时期。坐西朝东，三开间上下厅中天井砖木结构二层建筑。开间8.5米，进深12.55米，占地面积105.8平方米。木构架较好。

江广清宅

位于黟县宏村镇龙江村蓬厦组，建于民国时期。坐南朝北，四开间带厢廊二层建筑。开间11.03米，进深6.98米，占地面积77平方米。右厢耳门通外，左厢耳门通左边房间。三合土斜方格地面。

江国治宅

位于祁门县柏溪乡溶川村江明组33号，建于民国时期。坐北朝南，一进三开间徽派砖木二层建筑。通面阔10米，通进深9.1米，占地面积91平方米。砖制门罩，前设天井采光通风，屋内月梁、斜撑、雀替等雕刻保存尚可，青石、木地板铺设地面。

江红兵宅

位于黟县宏村镇龙江村蓬厦组，建于民国时期。坐东北朝西南，三开间带二厢有天井二层建筑。开间10.03米，进深6.09米，占地面积61平方米。木构架保存较好。

江化青宅

位于歙县许村镇跳石村下蒲田组，建于民国时期。坐北朝南，一进三开间楼房。通面阔7.6米，通进深6.5米，占地面积49.4平方米。

江继武、江德荣宅

位于歙县徽城镇紫阳村，建于民国时期。坐东朝西，砖木结构二层建筑。通面阔3.8米，通进深3.5米，占地面积13.3平方米。

江建中宅

位于黟县宏村镇汤蜀村岭下组，建于民国时期。坐东北朝西南，三开间上下厅带二厢中天井二层建筑。开间10.3米，进深11.74米，占地面积121平方米。大门朝前，左厢侧耳门通外路，右厢侧耳门通厨房。三合土斜方格地面。

江接来宅

位于祁门县柏溪乡溶川村江明组，建于民国时期。坐北朝南，一进三开间徽派砖木结构二层建筑。通面阔8.4米，通进深7.2米，占地面积60平方米。砖制门罩，前设天井采光通风，屋内斜撑、雀替等雕刻尚可。

江杰超宅

位于歙县王村镇王村烟西自然村，建于民国时期。坐东朝西，通面阔9.9米，通进深10.2米，占地面积100.98平方米。有院子临街。内有雀替4块，有精美木雕，图案为『刘海戏金蟾』『百年好合』等，有木雕梁板2块。

江金爱宅

位于歙县徽城镇南屏村王家淇自然村，建于民国时期。坐北朝南，一进三开间。通面阔8米，通进深6米，占地面积约48平方米。圆柱方墩。

江近东等宅

位于黄山区谭家桥镇东黄山村文雅组，建于民国时期。占地面积391.5平方米，高约5.5米。主宅二进三开间，八字门，跑马楼式，木架结构穿斗式，三合土地坪（素面），板壁墙，封檐望板。附宅左右对称，一进三开间，有侧门。

江均陶宅

位于黟县宏村镇龙江村上轴组，建于民国时期。坐北朝南，三开间前后厅二层建筑。开间9.05米，进深9.9米，占地面积89.6平方米。正面大门，左边间后步设楼梯上楼，后厅放明瓦采光。三合土地坪。

江可才等宅

位于黄山区谭家桥镇中墩村小河口组，建于民国时期。占地面积135.45平方米。二进三开间，穿斗式。框架、墙体、木构件均保存完好。三合土地坪，平铺式天井。前后进均有阁楼，斜撑4个，格子窗4副。

江来长等宅

位于歙县三阳镇小岫村梅家坞自然村，建于民国时期。二进三开间一明堂。通面阔8.55米，通进深11.4米，占地面积97.5平方米。有门楼，门楼曾改建，内有木雕梁柁。

江来萍宅

位于歙县徽城镇南源口村，建于民国时期。坐南朝北，二进砖木结构二层建筑。通面阔8.3米，通进深5.65米，占地面积46.9平方米。

江兰花宅

位于歙县武阳乡洽河村丰坑组，建于民国时期。坐北朝南，一进三开间。通面阔8米，通进深7米，占地面积56平方米。简易门楼。

江立根宅

位于黟县宏村镇龙江村蓬厦组，建于民国时期。坐北朝南，三开间带二厢二层建筑。开间9.47米，进深7.0米，占地面积66.3平方米。有天井（加顶），左厢侧门通厨房，右厢侧门通偏厅。条砖铺地，木构架、装修等保存较完整。

江立水宅

位于歙县深渡镇向丰村四新组，建于民国时期。坐南朝北，三开间二厢房二层建筑。通面阔6.44米，通进深9米，占地面积57.96平方米。正厅后有楼梯。正门门顶有素雕。

江美玉宅

位于歙县徽城镇渔梁街，建于民国时期。坐南朝北，二进一开间。通面阔2.6米，通进深11米，占地面积28平方米。

江萌华、江兰芬宅

位于黟县宏村镇龙江村蓬厦组，建于民国时期。坐北朝南，三开间前后厅带二厢二层建筑。开间8.67米，进深14.25米，占地面积123.5平方米。右厢耳门通外巷道，后檐墙门通厨房。三合土地坪。木构架、装修等较完整。

江钱娥宅

位于歙县森村乡黄备村先进组，建于民国时期。坐北朝南，三开间『品』字形砖木结构建筑。通面阔9.3米，通进深6.1米，占地面积56.73平方米。圆柱。

江日升宅

位于歙县徽城镇鲍川村后坞自然村，建于民国时期。坐西朝东，二进三开间砖木结构二层建筑。通面阔7.8米，通进深14.2米，占地面积110平方米。天井较为开阔。格子门窗，门上有木雕，向日葵花样。

江瑞璜等宅

位于黄山区谭家桥镇东黄山村高塘组，建于民国时期。三进三开间二天井跑马楼式。占地面积255平方米，高约5.5米。木架结构穿斗式，水门汀地面，地沟式天井，板壁墙，天棚无望板，左厢有偏房。

江升贵宅

位于黟县宏村镇龙江村蓬厦组，建于民国时期。坐西朝东，三开间带二厢有天井二层建筑。开间9.79米，进深7.49米，占地面积73.3平方米。有门楼，右厢耳门通厨房，大门前有坦。

江升金宅

位于黟县宏村镇龙江村蓬厦组，建于民国时期。坐北朝南，三开间带楼行二层建筑。开间9米，进深5.28米，占地面积47.5平方米。照壁后上楼。地面改混凝土浇筑，木构架、装修较完整。

江氏祠堂

位于歙县北岸镇金竹村九组，建于民国时期。坐北朝南，三进三开间。通面阔9.2米，通进深21.9米，占地面积201.48平方米。门楼有诸多雕刻。内有斜撑狮子木雕，后进为二层建筑。

江水发宅

位于祁门县柏溪乡溶川村江明组7号，建于民国初期。坐北朝南，一进三开间徽派砖木结构二层建筑。通面阔28.4米，通进深7.5米，占地面积213平方米。前设天井采光通风，二楼格子窗保存尚好。

江水友等宅

位于歙县武阳乡洽河村丰坑组，建于民国时期。坐北朝南，一进三开间楼房。通面阔7.5米，通进深6米，占地面积45平方米。

江天亨宅

位于黟县宏村镇龙江村江村一组，建于民国时期。坐北朝南，三开间二层建筑。开间9.1米，进深4.9米，占地面积44.6平方米。正面大门，右边间后设楼梯上楼。三合土斜方格地面，木构保存完整，内构简洁。

江伟、江建平宅

位于歙县武阳乡洽河村丰坑组，建于民国时期。坐北朝南，一进三开间楼房。通面阔7.8米，通进深7.8米，占地面积54.8平方米。简易门楼，内部有木雕，部分木雕被破坏。

江伟平宅

位于歙县武阳乡洽河村丰坑组，建于民国时期。坐北朝南，一进三开间。通面阔5米，通进深5米，占地面积25平方米。

江卫东等宅

位于歙县武阳乡洽河村丰坑组，建于民国时期。坐北朝南，一进三开间楼房。通面阔7.5米，通进深6米，占地面积45平方米。简易门楼。

江文举宅

位于歙县徽城镇七川村，建于民国时期。坐南朝北，一进三开间砖木结构二层建筑。通面阔15.5米，通进深6.7米，占地面积104平方米。

江秀芬宅

位于歙县徽城镇渔梁街，建于民国时期。坐北朝南，砖木结构二层建筑。通面阔7.5米，通进深5米，占地面积37.5平方米。

江阳春宅

位于黄山区谭家桥镇中墩村下江组，建于民国时期。二进三开间。高约5米，占地面积146.88平方米。木架结构穿斗式，斜方格纹水门汀地面，地沟式天井，板壁墙，天棚望砖，存卷棚月梁，月梁为如意花卉图案，有斜撑6个。

江益荪宅

位于黟县宏村镇龙江村蓬厦组，建于民国时期。坐西北朝东南，三开间带楼行二层建筑。开间8.8米，进深5.56米，占地面积48.9平方米。正门朝前路，左耳门通厨房。木构架较完整。

江银仙宅

位于歙县徽城镇鲍川村车川自然村，建于民国时期。坐东朝西，一进三开间砖木结构二层建筑。通面阔5.8米，通进深6.7米，占地面积约39平方米。

江引林宅

位于黟县宏村镇龙江村江村一组，建于民国时期。坐东朝西，三开间二层建筑。开间9.5米，进深5.15米，占地面积48.9平方米。正面大门，照壁后上楼。三合土地坪，木构架及装修等保存完整。

江永纯宅

位于黄山区谭家桥镇东黄山村高塘组，建于民国时期。一进五开间，后有倚屋。高约5米，占地面积81.28平方米。木架结构穿斗式，有阁楼。

江永锋宅

位于歙县郑村镇堨田村十组，建于民国时期。坐西朝东，二进三开间带天井二层建筑。通面阔10.3米，通进深10.95米，占地面积约121.45平方米。厅堂青砖铺地。

江永升、陆国宝宅

位于黄山区谭家桥镇东黄山村文雅组，建于民国时期。占地面积338平方米。江永升宅为主宅，前有宅院，右厢后侧为厨房。主宅为跑马楼式，木架结构穿斗式，三合土地坪，平铺式天井，板壁墙，天棚无望板。陆国宝宅为附宅，前店后居，后居有天井，天井处有斜撑2个。二层楼。木架结构穿斗式，三合土地坪，平铺式天井，板壁墙。

江幼安宅

位于祁门县柏溪乡溶川村江明组，建于民国二十三年(1934)。坐北朝南，徽派砖木二层走马楼式。通面阔14.7米，通进深13.5米，占地面积198平方米。砖制门罩，门边石雕饰有动物图案，中设天井采光通风，屋内有木雕。

江远宅

位于歙县武阳乡洽河村丰坑组，建于民国时期。坐北朝南，一进三开间楼房。通面阔6.5米，通进深7米，占地面积45平方米。大门门楼砖雕被破坏。

江云菊等宅

位于歙县徽城镇紫阳村，建于民国时期。坐南朝北，一进三开间砖木结构二层建筑。通面阔9.1米，通进深12.7米，占地面积约115.57平方米。

江云娟等宅

位于歙县徽城镇紫阳村，建于民国时期。坐北朝南，一进三开间二层建筑。通面阔10.8米，通进深5.6米，占地面积约60.48平方米。房屋西北方有一水井。

江允埂宅

位于黄山区谭家桥镇东黄山村竹里组，建于民国时期。三进三开间，走马楼式。高约5.5米，占地面积197.88平方米。木架结构穿斗式，斜方格纹水门汀地面，地沟式天井，板壁墙，天棚望板。前天井上檐有斜撑8个。

江灶来等宅

位于歙县三阳镇小岫村梅家坞自然村，建于民国时期。坐北朝南，一进三开间二层建筑。通面阔9.2米，通进深8.4米，占地面积77.28平方米。有门楼。

江志信宅

位于黄山区谭家桥镇东黄山村文雅组，建于民国时期。二进三开间跑马楼式。占地面积111.3平方米，高约5.5米。木架结构穿斗式，三合土地坪，地沟式天井，板壁墙为主，后室西侧为白灰砖墙（一层），封檐望板。

江祖佑、江祖德宅

位于歙县徽城镇南源口村，建于民国时期。坐南朝北，砖木结构二层建筑。通面阔6.32米，通进深4.8米，占地面积30.3平方米。

江作霖宅

位于歙县雄村镇朱村六组，建于民国时期。坐北朝南，二进二开间二层建筑。通面阔7.5米，通进深10米。二层门面为木结构，有地下室一层。

江作龙、江作日宅

位于歙县武阳乡洽河村丰坑组，建于民国时期。坐东北朝西南，一进三开间楼房。通面阔10米，通进深7米，占地面积70平方米。

江作仁宅

位于歙县武阳乡洽河村丰坑组，建于民国时期。坐北朝南，一进三开间楼房。通面阔10米，通进深6.5米，占地面积65平方米。简易门楼，有砖雕。

姜国良等宅

位于歙县徽城镇大梅口村，建于民国时期。坐南朝北，一进三开间砖木结构二层建筑。通面阔8.25米，通进深5.85米，占地面积48平方米。小冬瓜梁。

金安荣宅

位于歙县雄村镇夏坑村，建于民国时期。坐东朝西，二进三开间一天井二层建筑。通面阔8.7米，通进深10.25米，占地面积89.18平方米。门楼有简易砖雕。后进有格子窗，方形石柱础。

金宝仙宅

位于歙县雄村镇夏坑村，建于民国时期。坐北朝南，二进一开间。通面阔2.94米，通进深8.3米，占地面积24.4平方米。大门门楼有简易砖雕，方形石柱础，有屏风。

金国平宅

位于歙县雄村镇朱村，建于民国时期。坐南朝北，一进三开间。通面阔8.85米，通进深6.35米，占地面积56.2平方米。有门楼、厢房，门楼有砖雕。

金家祠堂

位于歙县雄村镇夏坑村，建于民国时期。坐西朝东，通面阔8.75米，通进深20.13米，占地面积176.14平方米。二进三开间二天井。大门口两侧有简易砖雕。内部冬瓜梁较多。有雕花梁柁、斜撑。有望砖。

金进六宅

位于歙县雄村镇夏坑村，建于民国时期。坐北朝南，一进三开间二层建筑。通面阔6.4米，通进深8米，占地面积51.2平方米。大门有门楼。砖雕已被损坏。冬瓜梁，方形石柱础。

金氏祖茔

位于屯溪区新潭镇瓯山村木桥头组，建于20世纪40年代。占地面积300平方米。共有7座墓，均为土坑木棺墓。每座墓碑分别刻墓主姓名及建造年份，其中金慰农的墓位于左侧第二座。墓群西南面墙嵌有青石碑，上刻『瓯山十九世祖金公鸿阶暨夫人汪氏略传』。2005年被列为屯溪区重点文物保护单位。

金文敏宅

位于黟县西递镇叶村，建于民国初期。坐东朝西，开间5.24米，进深10.55米，占地面积52平方米。一开间二层建筑，照壁后右边上楼，后檐墙门通厨房，左侧耳门为入口大门，正门有半圆门出入墙院，右侧耳门通别宅。

金枝意宅

位于歙县狮石乡公坦村七组，建于民国时期。坐西朝东，土木结构二层建筑。通面阔21.8米，通进深6.5米，占地面积141.7平方米。内部为松木、杉木结构。有楼板、楼梯等。

金竹革命烈士纪念碑

位于歙县杞梓里镇金竹村。墓园占地面积560平方米，建筑面积220平方米，墓碑采用青石建成。1935年8月11～26日，歙南乡朱村、金竹、竹筒坦、英富坑等地农民为了反抗敌人的压迫和剥削，举行武装暴动，后组成红军连，打土豪，分粮食。由于敌人的围剿，暴动失败，数十人被捕，10余人惨遭杀害。为了纪念先烈，歙县人民政府于1951年在英坑乡金竹村建立墓碑。2006年被列为歙县重点文物保护单位。

进德堂

位于歙县昌溪乡万二村万二组137号，建于民国时期。坐东北朝西南，一进三开间，明两层，实为三层建筑。通面阔10.9米，通进深9.5米，占地面积104.5平方米。正厅梁柁、梁撑等仿清代风格，雕刻精美。堂上悬『进德堂』匾一块。大门门楼砖雕气派辉煌，大门内上刻『贻厥嘉猷』砖雕一块。

敬本堂

位于祁门县历口镇铺岭村团结组，系汪氏宗祠，建于民国时期。坐北朝南，二进三开间中天井砖木结构建筑。通面阔11.8米，通进深21.7米，占地面积256平方米。祠前设有抱鼓石1对，无寝堂。

居易堂

位于祁门县历口镇西塘村上屋组，系黄氏宗祠，建于民国时期。坐西朝东，二进五开间中天井砖木结构建筑。通面阔12.6米，通进深17.5米，占地面积221平方米。青石、土铺地。

柯广权等宅

位于歙县三阳镇高升村郑家溪组，建于民国时期。坐北朝南，一进三开间二层建筑。通面阔8.3米，通进深8.6米，占地面积71.38平方米。

柯尚龙等宅

位于歙县三阳镇高升村郑家溪组，建于民国时期。二进三开间一明堂二层建筑。通面阔6.6米，通进深14米，占地面积92.4平方米。有砖雕门楼，内有木雕。砖、木雕刻精美。

柯玉芳宅

位于歙县三阳镇高升村郑家溪组，建于民国时期。二进三开间二层建筑。通面阔4.55米，通进深13米，占地面积59.15平方米。前正堂。后进南北走向。有天井、客堂、两厢房。

赖兴强宅

位于祁门县小路口镇西石坑村石一组1-22号，建于民国时期。坐西南朝东北，徽派砖木一厅二厢二层建筑。通面阔9.6米，通进深9.5米，占地面积91平方米。前设天井采光通风，青石板铺设地面。

老红军宅

位于歙县许村镇许村东升组，建于民国时期。坐西朝东，一进三开间楼房。通面阔8.6米，通进深5.3米，占地面积46平方米。

老街海底巷1-1号宅

位于屯溪区屯溪老街海底巷，建于民国时期。占地面积160平方米。坐北朝南，砖木结构，前进为临街店铺，后进为一进三开间二层楼房，穿斗式构架，硬山式屋顶，后设厨房；后进明间为厅，次间为厢房，木窗、横栏等雕花装饰。二楼檐栏裙板浅雕花鸟图案12幅。

老街海底巷1-2号宅

位于屯溪区屯溪老街海底巷，建于民国时期。占地面积74平方米。坐东朝西，一进二开间砖木结构二层建筑，穿斗式构架，硬山式屋顶。进门即为厅堂，方砖铺地。厅堂左侧有厢房一间，一楼排窗雕花装饰，楼梯位于太师壁之后，自南向北登楼。2013年被列为屯溪区重点文物保护单位。

老街海底巷2号宅

位于屯溪区屯溪老街海底巷，建于民国时期。占地面积140平方米。坐西朝东，一进三开间砖木结构二层走马楼式建筑，穿斗式构架。大门外墙存有『周大恒』商号字样。天井狭窄，光线较暗，明间为厅，次间为厢房，斜撑、窗户等雕花装饰。

老街还淳巷2号宅

位于屯溪区屯溪老街还淳巷，建于民国时期。占地面积29平方米。坐西朝东，一进二开间砖木结构二层建筑，穿斗式构架，硬山式屋顶。明间为厅，南有厢房一间，太师壁后有楼梯，自北向南登楼。

老街还淳巷9号宅

位于屯溪区屯溪老街还淳巷，建于民国时期。占地面积128平方米。坐东朝西，三开间砖木结构走马楼式二层建筑，穿斗式构架，硬山式屋顶。明间为厅，次间为厢房，主体梁架保存较好，局部有改建。

老街还淳巷19号宅

位于屯溪区屯溪老街还淳巷，建于民国时期。占地面积约346平方米。坐东朝西，一进三开间砖木结构走马楼式建筑，穿斗式构架，硬山式屋顶。2013年被列为屯溪区重点文物保护单位。

老街李洪巷3号宅

位于屯溪区屯溪老街李洪巷，建于民国时期。占地面积177平方米。两栋楼房组成，一栋坐北朝南，三进三开间二层建筑，占地面积约74平方米。一栋坐南朝北，一进三开间二层建筑，占地面积103平方米。2013年被列为屯溪区重点文物保护单位。

老街李洪巷7号宅

位于屯溪区屯溪老街李洪巷，建于民国初期。占地面积240平方米。坐北朝南，一进三开间砖木结构二层建筑，穿斗式构架。门楼位于庭院西侧，匾额有『梧竹山庄』字样。庭院东侧设有边屋一间。明间为厅，次间为厢房。2013年被列为屯溪区重点文物保护单位。

老街梧岗巷8号宅

位于屯溪区屯溪老街梧岗巷，建于民国时期。占地面积80平方米。坐北朝南，一进三开间砖木结构二层建筑，穿斗式构架，硬山式屋顶。

老街梧岗巷29号宅

位于屯溪区屯溪老街梧岗巷，建于民国时期。占地面积80平方米。坐北朝南，一进三开间砖木结构二层建筑，穿斗式构架，硬山式屋顶。明间为厅，地铺方砖；两次间为住房，地铺木板。2013年被列为屯溪区重点文物保护单位。

老街梧岗巷31号宅

位于屯溪区屯溪老街梧岗巷，建于民国时期。占地面积101平方米。坐北朝南，二进三开间砖木结构二层建筑，硬山式屋顶。前后双天井，前天井及前厅地面均用石板铺砌，后堂与次间均铺木地板。2013年被列为屯溪区重点文物保护单位。

老街永新巷4号宅

位于屯溪区屯溪老街永新巷，建于民国时期。占地面积约152平方米。坐西朝东，一进三开间砖木结构二层建筑，穿斗式构架，硬山式屋顶。明间为厅，次间为厢房，一层共有厢房5间，西设厨房。厅堂地铺木板，太师壁后有楼梯，自北向南登楼。

老街永新巷8号宅

位于屯溪区屯溪老街永新巷，建于民国时期。占地面积221平方米。坐北朝南略偏西，二进三开间砖木结构二层建筑，抬梁穿斗并用式构架，硬山式屋顶。2013年被列为屯溪区重点文物保护单位。

老街榆林巷3号宅

位于屯溪区屯溪老街榆林巷，建于民国时期。占地面积69平方米。一进三开间砖木结构二层建筑。穿斗式构架，硬山式屋顶。

老街榆林巷11号宅

位于屯溪区屯溪老街榆林巷，建于民国时期。占地面积276平方米。坐南朝北，一进三开间砖木结构二层建筑。穿斗式构架，硬山式屋顶。天井狭窄，光线较暗，明间为厅，次间为厢房。

乐义堂

位于祁门县古溪乡东源村东源组，系林氏宗祠，建于民国时期。坐东朝西，二进三开间中天井。通面阔11米，通进深20.2米，占地面积222平方米。活水明堂池，大门原有『南海传祠』匾，现已失。右墙头有记事砖一块。

黎阳街66号宅

位于屯溪区黎阳镇黎阳街，建于民国时期。占地面积203平方米。坐西南朝东北，三开间砖木结构走马楼式二层建筑，西为厨房，中有厅堂，厅前置小庭院，院墙西侧有十一扇琉璃花窗，做工精美。

黎阳街133号宅

位于屯溪区黎阳镇黎阳街，建于民国时期。占地面积266平方米。坐南朝北，三进三开间砖木结构二层走马楼式建筑，抬梁穿斗并用式构架，硬山式屋顶。三进均是明间为厅，次间为厢房，厢房窗棂雕花装饰。中进天井与后进天井相通。

黎阳街144号宅

位于屯溪区黎阳镇黎阳街，建于民国时期。占地面积约130平方米。房屋坐西朝东，三开间砖木结构二层建筑。穿斗式构架，硬山式屋顶。前为天井，明间为厅，两次间为厢房，房屋南侧设有边屋一间，与天井相通。

李柏枝宅

位于歙县王村镇新安村潘村自然村120号，建于民国时期。坐西朝东，一进三开间砖木结构二层建筑。通面阔9.7米，通进深6.5米，占地面积63.05平方米。门楼有虎头滴水瓦，墙上有绘画。小冬瓜梁下有木雕人物，两侧厢房窗户有木雕。

李昌福宅

位于黄山区龙门乡龙源村竹元坦组，建于民国时期。占地面积58.14平方米。一进三开间。穿斗式构架，三面为墙体，内部整体为木结构，隔断以木板为主，地面为松木板，天棚望板。

李春芬宅

位于黟县宏村镇朱村，建于民国时期。坐东北朝西南，开间9.45米，进深8.05米，占地面积76.1平方米。三开间带二厢有天井二层建筑。左厢侧耳门通外路，左边房后宅上楼，正门朝前院，院左边门通外路。三合土斜方格地面。

李春生宅

位于黟县碧阳镇古黄村古筑组，建于民国时期。坐西南朝东北，开间8.05米，进深6.8米，占地面积54.7平方米。三开间砖木结构二层建筑。青条砖横铺地面，前金缝下有统开间隔扇，前檐缝有飞罩。

李法周居士塔

位于黄山市黄山风景区北海景区北海至西海路右，建于民国三十年(1941)。占地面积约4平方米。花岗岩石塔，地面以上由六边形须弥座、六面体塔身和六角单檐葫芦宝顶组成。通高2.21米。塔身正面镌塔名『金陵李法周居士之塔』。2013年被列为黄山风景区重点文物保护单位。

李逢旭宅

位于黟县美溪乡美坑村，建于民国时期。坐西朝东，开间9.8米，进深8.6米，建筑面积84.3平方米。三开间二层建筑。大门朝前路（主街道），照壁后上楼。宅左外边为石板路（横巷道），上方盖有过路楼阁，通往二楼。

李国玉宅

位于黟县碧阳镇碧山村碧东组，建于民国时期。坐北朝南，面阔12.1米，进深21.6米，占地面积261.4平方米。二进三开间二天井二层建筑。木构架和木装修精致，保存较完整，楼行栏杆完整，雕刻比较精美。

李积庆、李松茂宅

位于黟县碧阳镇石亭村，建于民国时期。坐北朝南，面阔12.3米，进深20.5米，占地面积252.2平方米。三进三开间二天井二层建筑。天井形制完整，隔扇门窗和木构架保存较好。

李家儒宅

位于黟县美溪乡兰湖村六甲组，建于民国时期。坐北朝南，开间10.65米，进深8.8米，建筑面积93.7平方米。三开间带二厢有天井二层建筑。正前面大门，照壁后上楼。木构架、装修等较完整，隔扇门窗等制作较好，保存完整。

李林原宅

位于黄山区甘棠镇庄里村茶行组，建于民国时期。占地面积132.16平方米，假二进三开间，实为一进三开间。前后有两个天井，硬山式屋顶，木架结构穿斗式。斜撑等无雕饰，墙面白灰饰墨彩绘，屋顶有侧柱，卷棚望砖。

李林宅

位于黟县美溪乡庙林村庙上组，建于民国时期。坐东朝西，面阔10.55米，进深5.8米，占地面积61.2平方米。三开间二层建筑。正面大门，照壁后上楼，内构小巧精致，木构架、装修等较完整。

李六梅、李晓梅宅

位于黟县宏村镇龙江村秀里组，建于民国时期。坐北朝南，面阔13.61米，进深9.68米，占地面积131.4平方米。三开间厅堂式带二厢有天井二层建筑。右夹室通偏厅，照壁后上楼，后檐墙开门通厨房。木构架、装修及构配件保存较好。

李美珍宅

位于歙县深渡镇漳岭山村团结组，建于民国时期。坐东朝西，一进三开间带二厢二层建筑。通面阔9.8米，通进深7.2米，占地面积70.56平方米。厅后楼梯。开后门，大门顶挑檐，镶青砖。

李民强宅

位于黟县宏村镇际村，建于民国时期。坐南朝北，开间7.25米，进深4.88米，占地面积35.3平方米。二开间（一室一厅）外走廊二层建筑。前檐缝下统装隔扇（半截玻璃），左房间后部设楼梯上楼，前外走廊左、右边侧山墙门通偏屋。梁撑雕刻较好。

李巧莲、李春娣宅

位于黟县碧阳镇丰梧村中心组，建于民国时期。坐西朝东，开间17.5米，进深9.5米，占地面积141.8平方米。三开间带二厢有天井砖木结构二层建筑。隔扇、横风、飞罩、木构配件及门楼制作较好。

李氏宗祠

位于黟县碧阳镇石亭村，建于民国时期。坐北朝南，通面阔12.4米，通进深29.25米，占地面积362.7平方米。三进三开间二天井砖木结构二层建筑。中青瓦屋面，梁袱、雀替、平盘斗等木雕构配件制作较精致。

李树荣宅

位于黟县柯村乡东坑村，建于民国时期。坐北朝南。开间11.3米，进深11.6米，占地面积131.1平方米。三开间上厅下堂带二厢二层建筑。正面为入口大门，照壁后上楼。上厅前檐设卷棚轩，下堂设人字轩。

李讨饭宅

位于歙县王村镇新安村潘村自然村115号，建于民国时期。坐北朝南，一进三开间砖木结构二层建筑。通面阔8.9米，通进深9.9米。占地面积69.42平方米。双门楼，虎头滴水瓦，有2块砖雕，东侧窗上有动物绘画。堂前有6块地袱。

李天养宅

位于黟县美溪乡庙林村庙上组，建于民国时期。坐东朝西，开间10米，进深9.65米，占地面积96.5平方米。三开间上厅下堂有天井二层建筑。正面为入口大门，照壁后上楼。木构架、装修等较完整，内构、楼行、斜撑、雀替等木雕构配件制作精致，石构件雕刻精美。

李小进宅

位于歙县许村镇许村环泉二组160号，建于民国时期。坐北朝南，一进三开间楼房。通面阔11米，通进深8.6米，占地面积94.6平方米。无雕刻，无天井，结构简单。

李信华宅

位于黟县宏村镇龙江村蓬厦组，建于民国时期。坐北朝南，开间8.69米，进深12.1米，占地面积105.1平方米。三开间上下厅中天井带二厢二层建筑。左厢侧耳门为入口。三合土斜方格地面，木构架、装修等保存较完整，木构配件、窗扇等制作精致。

李应毕宅

位于黟县美溪乡美坑村，俗称广生堂，建于民国时期。坐西南朝东北，开间10.45米，进深23.6米，建筑面积246.6平方米。前店后宅式三开间二层建筑，有天井。后进明间厅为单层见顶，前正面大门，后照壁上楼。前后天井二层有回廊，四周设鹅颈轩式栏杆，梁架及构部件雕刻精致，大门楼雕刻精美。2016年被列为黟县重点文物保护单位。

李永明、姚兰荪宅

位于黟县碧阳镇石亭村，建于民国时期。坐北朝南，开间18.3米，进深15米，占地面积274.5平方米。一进五开间上下堂一天井二层建筑。明间厅堂前檐置8扇隔扇门，木构架基本完好，木雕刻构件精美别致。

李佑泉宅

位于黟县宏村镇龙江村下轴组，建于民国时期。坐北朝南，开间9.25米，进深7.83米，占地面积72.4平方米。三开间有天井二层建筑。右侧门通厨房，左侧门通外，正面大门为入口，照壁后上楼。

李浙松宅

位于黟县碧阳镇横岗村，建于民国时期。坐西朝东，开间10.1米，进深10.2米，占地面积103平方米，一进三开间一天井二层建筑。木构架总体完好，木装修等制作精致。

里坦祠堂

位于歙县霞坑镇萌坑村，系凌氏宗祠，建于民国时期。坐东朝西，二进三开间。通面阔9.2米，通进深12.9米，占地面积125平方米。后进有楼，大门有门罩，上有少许砖雕。

里堂屋

位于歙县杞梓里镇小源村，建于民国初年。坐东北朝西南，一进三开间砖木结构二层建筑。通面阔5.9米，通进深7.7米，占地面积45.4平方米。青石门框，有门楼。

里中屋

位于歙县杞梓里镇滩培村，建于民国中期。俗称『推刨厅』。坐东北朝西南，一进三开间砖木结构二层建筑。通面阔8.8米，通进深8.2米，占地面积72.2平方米。青石门框。门楼石雕，屋内木雕。

立马亭

位于黄山区黄山风景区朱砂峰腰际，面对立马峰摩崖石刻，建于民国时期。六柱六角花岗岩石亭，攒尖顶，飞檐翘角。高5.2米，占地面积约12平方米。额镌隶字『立马亭』。2013年作为黄山登山古道及古建筑的组成部分被列为全国重点文物保护单位。

廉让桥

位于黟县碧阳镇柏山村江柏山组北侧，建于民国十六年(1927)。七跨六墩石板桥。长45.8米，宽2.2米，高2.6米，跨中距6.9米，占地面积91.1平方米。晚清时期当地富商范蔚文孝奉慈亲，遵守母训，在经商致富后，捐资将本村的原有木桥改建成石桥，并题为『廉让桥』，以示纪念。

梁有全宅

位于黟县碧阳镇古黄村黄村组，建于民国时期。坐北朝南，开间7.4米，进深9.15米，占地面积67.7平方米。三开间有外廊二层建筑。

廖社明宅

位于祁门县古溪乡黄龙村廖家组，建于民国时期。坐北朝南，徽派砖木结构二层建筑。通面阔9.5米，通进深9米，占地面积86平方米。一厅堂四厢房，前设天井，无雕刻。

林村槽门

位于祁门县古溪乡东源村林村组，建于民国时期。系村中林氏大户独资修建。坐西南朝东北，砖木结构建筑。通面阔4米，通进深5.8米，占地面积23平方米。9根立柱落地，墙体呈『八』字形，木结构近代重修，内存石底座一对。

林继荪宅

位于黟县碧阳镇石亭村，建于民国时期。坐北朝南，开间9.95米，进深10.2米，占地面积101.5平方米。三开间上下厅带二厢有天井二层建筑。隔扇门窗、横风窗等木构配件和大门砖雕门楼制作精美。

林天娣宅

位于黟县宏潭乡竹溪村，建于民国时期。坐北朝南，开间10.6米，进深12.3米，占地面积130.4平方米。三开间前堂后厅有天井二层建筑。正前面为大门，照壁后上楼。明间前檐月梁、挑檐。三合土地坪。木构架、装修等较完整。木构配件、隔扇门窗制作较好。

琳村002号宅

位于歙县徽城镇鲍川村琳村组，建于民国时期。坐北朝南，一进三开间二层建筑。通面阔8米，通进深13米，占地面积104平方米。大厅开阔，后为厨房，木质土墙，圆柱方墩支撑，门口有简单砖雕，玻璃格子门窗。

琳村007号宅

位于歙县徽城镇鲍川村琳村组，建于民国时期。坐北朝南，一进三开间二层建筑。通面阔12.2米，通进深8.6米，占地面积105平方米。木质土墙，圆柱方墩支撑，玻璃格子门窗，左右分布，左为大厅及房间，右为厨房。

琳村031号宅

位于歙县徽城镇鲍川村琳村组，建于民国时期。坐东朝西，三进砖木结构二层建筑。通面阔8.48米，通进深6.78米，占地面积57.5平方米。圆柱方墩横梁支撑，保存完整。

琳村032号宅

位于歙县徽城镇鲍川村琳村组，建于民国初期。坐北朝南，带天井砖木结构二层建筑。通面阔7.4米，通进深5.55米，占地面积41.1平方米。圆柱横梁支撑，斜撑有雕刻。

琳村064号宅

位于歙县徽城镇鲍川村琳村组，建于民国时期。坐西朝东，砖木结构二层建筑。通面阔8.1米，通进深8.55米，占地面积69.26平方米。圆柱方梁支撑。大门有门楼，其上雕刻已被破坏。

琳村065号宅

位于歙县徽城镇鲍川村琳村组，建于民国时期。坐北朝南，砖木结构二层建筑。通面阔14米，通进深7.57米，占地面积106平方米。门楼已被破坏。

琳村072号宅

位于歙县徽城镇鲍川村琳村组，建于民国时期。坐南朝北，带天井砖木结构二层建筑。通面阔4.7米，通进深15.54米，占地面积73.04平方米。圆柱方梁支撑。

琳村087号宅

位于歙县徽城镇鲍川村琳村组，建于民国时期。坐北朝南，三进双层结构。通面阔11.2米，通进深27.4米，占地面积306.32平方米。有天井，圆柱方梁支撑。格子门窗，少数有雕刻。门楼有雕刻，部分被破坏。基本保持原貌。

琳村125号宅

位于歙县徽城镇鲍川村琳村组，建于民国时期。坐北朝南，砖木结构二层建筑。通面阔10.4米，通进深6.18米，占地面积64.3平方米。

凌安华、凌祥华宅

位于歙县武阳乡洽河村三组，建于民国时期。坐北朝南，一进三开间楼房。通面阔10米，通进深6.1米，占地面积61平方米。简易门楼。

凌柏叶宅

位于歙县武阳乡洽河村一组，建于民国时期。坐北朝南，二进三开间楼房。通面阔10米，通进深13米，占地面积130平方米。简易门楼。

凌春生、凌齐祥宅

位于歙县武阳乡方村东川组，建于民国时期。坐北朝南，一进三开间。通面阔7米，通进深9米，占地面积63平方米。大门有简易门楼，少量砖雕。

凌春桃二号宅

位于歙县深渡镇绵潭村红卫组，建于民国时期。坐西北朝东南，二层建筑。通面阔3.6米，通进深6.5米，占地面积23.4平方米。前厅后房，大门楼素墙。

凌道海宅

位于歙县武阳乡洽河村一组，建于民国时期。坐北朝南，二进三开间楼房。通面阔10米，通进深13米，占地面积130平方米。简易门楼，其上砖雕被破坏。

凌道基、凌卫文宅

位于歙县武阳乡洽河村三组，建于民国时期。坐北朝南，一进三开间楼房。通面阔8米，通进深8.5米，占地面积68平方米。

凌道三宅

位于歙县武阳乡洽河村一组，建于民国时期。坐北朝南，二进三开间楼房。通面阔8.3米，通进深11米，占地面积91.3平方米。大门门楼有砖雕。

凌根荣宅

位于歙县武阳乡洽河村二组，建于民国时期。坐北朝南，一进三开间楼房。通面阔5.5米，通进深8米，占地面积44平方米。简易门楼。

凌谷亮宅

位于歙县武阳乡洽河村，建于民国时期。坐北朝南，一进三开间楼房。通面阔7米，通进深13米，占地面积91平方米。大门门楼砖雕被破坏。

凌观金、凌成善宅

位于歙县武阳乡正口村长滩组，建于民国时期。坐东朝西，一进三开间楼房。通面阔7.4米，通进深7.4米，占地面积54.8平方米。简易门楼。

凌观利宅

位于歙县武阳乡洽河村一组，建于民国时期。坐南朝北，一进三开间楼房。通面阔8.5米，通进深7米，占地面积59.6平方米。大门门楼有砖雕。

凌海铨宅

位于歙县武阳乡正口村坑下组，建于民国时期。坐北朝南，一进三开间楼房。通面阔10米，通进深8米，占地面积86平方米。简易门楼。

凌海水宅

位于歙县武阳乡洽河村三组，建于民国时期。坐北朝南，一进三开间。通面阔7.5米，通进深8.5米，占地面积63.75平方米。简易门楼。

凌家法、凌家基宅

位于歙县武阳乡方村东川组，建于民国时期。坐北朝南，一进三开间。通面阔7米，通进深9米，占地面积63平方米。

凌家基、凌家法宅

位于歙县武阳乡方村东川组，建于民国时期。坐北朝南，二进三开间楼房。通面阔9.5米，通进深16.7米，占地面积158.65平方米。大门有门楼，门楼有砖雕，内部斜撑、雀替、窗栏等构件雕刻精美。

凌家亮等宅

位于歙县武阳乡洽河村，建于民国时期。坐北朝南，二进三开间带天井。通面阔8.6米，通进深14.5米，占地面积124.7平方米。前有小院，有木雕，有花木窗。上堂为浣间，下堂有厢房，天井两侧有廊。

凌利寿宅

位于歙县武阳乡洽河村三组，建于民国时期。坐北朝南，一进三开间楼房。通面阔10米，通进深6.1米，占地面积61平方米。大门有门楼。

凌水松宅

位于歙县深渡镇绵潭村红卫组，建于民国时期。坐北朝南，一进三开间二过厢二层建筑。通面阔8.5米，通进深5.6米，占地面积47.6平方米。大门顶挑檐，镶素面砖。

凌小珠宅

位于歙县深渡镇漳村湾村自然村，建于民国时期。坐西朝东，一进三开间带二厢二层建筑。通面阔10.2米，通进深7.2米，占地面积72.42平方米。厅后设楼梯。大门顶挑檐，镶青砖。

凌雪珠宅

位于歙县徽城镇渔梁街，建于民国时期。坐北朝南，一进三开间砖木结构二层建筑。通面阔8.5米，通进深6米，占地面积约50平方米。铁门。简易门楼。

凌益善宅

位于歙县武阳乡正口村江源组，建于民国时期。坐北朝南，一进三开间楼房。通面阔8.6米，通进深4.6米，占地面积39.6平方米。简易门楼。

凌玉龙宅

位于歙县霞坑镇萌坑村，建于民国时期。坐东朝西，一进三开间二层建筑。通面阔10.6米，通进深13.1米，占地面积133平方米。前有小院，门墙上一排槛窗露明，大门上方有砖雕画框，雕有玉兰花。内部梁架少有雕刻。

凌月桂宅

位于歙县武阳乡正口村坑上组，建于民国时期。坐北朝南，一进三开间楼房。通面阔6米，通进深8米，占地面积48平方米。有部分石雕。

凌志平、吴凤花宅

位于歙县武阳乡方村东川组，建于民国时期。坐北朝南，一进三开间楼房。通面阔7.5米，通进深9.6米，占地面积80平方米。大门有砖雕门楼。

刘桂饮宅

位于黄山区仙源镇龙山村小北门组（横街），建于民国时期。一进二开间二层建筑，两厢有二过厢。占地面积75平方米，高约6米。一层为店铺，二层为居家，后院亦为居家。临街为屋檐，檐口有4个斜撑。木架结构穿斗式。

刘建元宅

位于黟县宏村镇龙江村江村二组，建于民国时期。坐北朝南，开间10.01米，进深7.19米，占地面积72平方米。三开间门前走廊砖木结构二层建筑。照壁后上楼。木构架承重，三开砖围护墙，小青瓦屋面，青条砖铺地。

刘来姣等宅

位于歙县许村镇塔山村四维里沈组，建于民国时期。通面阔9.5米，通进深10.8米，占地面积102.6平方米。坐东朝西，二进三开间楼房。有天井，梁撑格子门已拆除。

刘秋红宅

位于屯溪区新潭镇竹林村，建于民国时期。坐东朝西，大门朝南，一进三开间砖木结构二层建筑。占地面积约81平方米。穿斗式构架，硬山式屋顶。前为天井，后为堂屋和厢房，天井明堂北侧建有耳房一间。

刘为民宅

位于屯溪区新潭镇新潭村，建于民国时期。占地面积约110平方米。坐西北朝东南，一进三开间上下对堂砖木结构二层建筑。抬梁穿斗并用式构架。明间为厅，次间为厢房。堂屋天井下明堂持平，石板铺地。檐廊置轩，天花铺设竹编凉顶，做工精美。

刘小雨宅

位于歙县王村镇新安村烟村自然村143号，建于民国时期。坐北朝南，二进三开间砖木结构二层建筑。通面阔9.5米，通进深11.5米，占地面积89.3平方米。30余扇木雕窗保存较好，有3块木雕梁板(已被拆掉1块)，6块地袱。

刘宣传等宅

位于歙县昌溪乡昌溪村红旗自然村，建于民国初期。一进二开间。通面阔8米，通进深6.9米，占地面积47平方米。无门楼，无雕刻，无天井，后面建有厨房，房屋呈梯形。

刘镇元宅

位于歙县王村镇新安村烟村自然村，建于民国时期。坐北朝南，一进三开间砖木结构二层建筑。通面阔7.8米，通进深10.8米，占地面积84.24平方米。门楼有墙画。内有冬瓜梁。

刘忠俊宅

位于黄山区耿城镇辅村章村坦组北部，建于民国时期。一进三开间，占地面积97.44平方米，高约5米。木架结构穿斗式，无天井，木板壁，顶棚无望砖。

卢定安宅

位于黟县宏村镇雉山村卢村组，建于民国时期。坐北朝南，开间12.85米，进深6.75米，占地面积86.7平方米。四开间带厢房二层建筑。左厢耳门通厨房，大门朝前，右二间为厅，照壁后上楼。厅前廊部上空有楼行栏杆，天窗采光。

卢端源宅

位于黟县宏村镇雉山村卢村组，建于民国时期。坐西朝东，开间10.2米，进深8.59米，占地面积87.6平方米。三开间有天井有门楼二层建筑。照壁后上楼，大门朝前院，后檐墙门通厨房。

卢焕新宅

位于黟县宏村镇雉山村卢村组，建于民国时期。坐北朝南，开间8.74米，进深6.61米，占地面积57.7平方米。三开间带二厢二层建筑。左厢侧耳门通偏屋，后檐墙门通厨房。

卢名宝宅

位于歙县徽城镇新北街25号，建于民国时期。坐东北朝西南，砖木结构二层建筑。通面阔3.03米，通进深10米，占地面积30平方米。圆柱支撑，后厨房改建。

卢天锡宅

位于黟县宏村镇雉山村卢村组，建于民国时期。坐西朝东，开间8.8米，进深11.84米，占地面积104.10平方米。前后进三开间有天井二层建筑。后右厢上楼，大门朝前路。

卢英云宅

位于黟县宏村镇雉山村卢村组，建于民国时期。坐北朝南，开间12.83米，进深3.55米，占地面积45.5平方米。四开间二层建筑。左二间后壁上楼。

卢佑云二号宅

位于黟县宏村镇雉山村卢村组，建于民国时期。坐北朝南，开间14.24米，进深10.91米，占地面积155.3平方米。三开间一层建筑。门窗雕刻精美，木构架较好。

卢佑云一号宅

位于黟县宏村镇雉山村卢村组，建于民国时期。坐北朝南，开间10.2米，进深8.78米，占地面积89.5平方米。三开间带二厢有天井二层建筑。左厢侧耳门通厨房，大门朝前(已封闭)。隔扇及木构配件制作较好。

吕德海宅

位于歙县王村镇新安村烟村自然村后街，建于民国时期。一进三开间砖木结构二层建筑。通面阔8.3米，通进深6.85米，占地面积56.86平方米。门楼上刻有精致人物图案。

吕观遂宅

位于歙县三阳镇叶村，建于民国时期。一进二层建筑。通面阔4.7米，通进深4.8米，占地面积23平方米。

吕锦堂宅

位于歙县霞坑镇湖山村上湖组051号，建于民国时期。坐北朝南，一进三开间二层建筑。通面阔6米，通进深8.1米，占地面积48.6平方米。屋内有木雕。

吕俊瑞等宅

位于歙县金川乡长春村二组，建于民国时期。坐北朝南，二进三开间一明堂带天井。通面阔9.55米，通进深12.55米，占地面积122.36平方米。有上堂照壁、大梁等。

吕俊仲宅

位于歙县徽城镇古关村，建于民国时期。坐南朝北，砖木结构二层建筑。通面阔6.35米，通进深5.3米，占地面积34平方米。

吕美菊宅

位于歙县杞梓里镇长川村，建于民国二十八年（1939）。坐西朝东，一进三开间砖木结构二层建筑。通面阔5.9米，通进深5.7米，占地面积33.6平方米。

吕天盛宅

位于歙县深渡镇向丰村六联组，建于民国时期。坐北朝南，一进三开间楼房。通面阔8.75米，通进深9.4米，占地面积82.25平方米。大门砖雕被破坏。

吕小文宅

位于歙县霞坑镇湖山村上湖组，建于民国时期。坐北朝南，一进三开间二层建筑。通面阔10.6米，通进深7.6米，占地面积81平方米。大门和窗子上方饰有花鸟、人物图案。无雕饰。

吕彦元等宅

位于歙县三阳镇中村，建于民国时期。一进三开间，前正堂后厢房。通面阔5.6米，通进深7.15米，占地面积40.04平方米。

绿杉野屋

位于黟县宏村镇塔川村西山组，建于民国二十年（1931）。坐北朝南，开间9.4米，进深8.8米，占地面积82.7平方米。三开间有天井二层建筑。中厅前廊部设卷棚轩，正面大门，照壁后上楼。

罗凤书等宅

位于歙县徽城镇南屏村，建于民国时期。坐北朝南，二进三开间带天井。通面阔6.6米，通进深11.2米，占地面积约74平方米。前进已倒塌。

罗来民等宅

位于歙县三阳镇叶村，建于民国时期。一进三开间二层建筑。通面阔7.4米，通进深8.05米，占地面积60平方米。

罗林森宅

位于歙县徽城镇南屏村忠堡自然村，建于民国时期。坐南朝北，一进三开间砖木结构二层建筑。通面阔7.4米，通进深6.2米，占地面积约45平方米。门楼有图绘。

罗时美宅

位于歙县徽城镇南屏村忠堡自然村，建于民国时期。坐西朝东，一进三开间砖木结构二层建筑。通面阔6.86米，通进深3.5米，占地面积24.01平方米。

罗时雄宅

位于歙县徽城镇斗山街10–5号，建于民国时期。坐东南朝西北，二进三开间二层建筑。通面阔11.1米，通进深18.08米，占地面积201平方米。木质黑漆，木刻窗栏，圆柱方墩支撑地面以青砖铺砌。

马忠满宅

位于黟县宏村镇龙江村秀里组，建于民国时期。坐西朝东，开间9.72米，进深11.47米，占地面积111.9平方米。三开间上下堂中天井二层建筑。右厢侧耳门通厨房，大门前有坦，照壁后设楼梯。三合土地坪，木构架，装修及构配件完整，隔扇等构配件制作精致。

毛胜华等宅

位于歙县徽城镇紫阳村，建于民国时期。坐南朝北，一进三开间砖木结构二层建筑。通面阔8.65米，通进深6.1米，占地面积约52.8平方米。

茂槐堂

位于屯溪区屯溪老街129号，建于民国时期。占地面积约300平方米。二进砖木结构二层建筑。穿斗式构架。一进天井四周置有雕花排窗，下装书画雕刻裙板14片，二进为走马楼，为老街较有特色的店铺之一。2012年被列为黄山市重点文物保护单位。

梅家明、梅家元宅

位于歙县许村镇跳石村竹溪组，建于民国时期。坐北朝南，一进三开间楼房。通面阔9.4米，通进深6.2米，占地面积52.3平方米。楼上未装修，无天井，无砖木雕刻。

梅均等宅

位于歙县许村镇跳石村东风组，建于民国初期。坐西朝东，一进三开间带二厢楼房。通面阔9.5米，通进深8.9米，占地面积84.55平方米。大门朝南开，有简易门楼。

梅林村111号宅

位于屯溪区新潭镇梅林村，建于民国时期。占地面积约78平方米。坐东朝西，一进三开间砖木结构店铺房。穿斗式构架，硬山式屋顶。大开板门，明间为店铺，两次间为厢房，店铺后有楼梯，自东向西登楼，二层天井处设一圈回廊。

梅文高宅

位于歙县许村镇跳石村东风组，建于民国时期。坐北朝南，一进三开间楼房。通面阔4.9米，通进深6.6米，占地面积32.34平方米。无天井。无砖木雕刻。

南门石洞

位于歙县徽城镇人民街南门头，建于民国二十二年(1933)。长9米，宽8.3米，门宽3.4米，拱券形门洞，用红条石建造，门洞上刻有『城区商民捐建石洞，民国二十二年四月歙县县长石国柱题』。石洞东靠长青山，南通渔梁古道，徽杭公路从上面经过。2006年被列为歙县重点文物保护单位。

倪金龙宅

位于祁门县渚口乡渚口村中二组，又名『小新屋里』，建于民国时期。坐北朝南，徽派回形走马楼式砖木结构二层建筑。通面阔15.2米，通进深13.9米，占地面积211平方米。中设天井，屋内斜撑雕刻众多，保存较好。

倪锦乐宅

位于祁门县渚口乡渚口村井边组，建于民国时期。坐西北朝东南，一进三开间徽派砖木结构二层建筑。通面阔11米，通进深6.7米，占地面积74平方米。前设天井采光通风。

倪立业宅

位于祁门县小路口镇花城村花二组，建于民国时期。坐北朝南，三开间走马楼式砖木结构二层建筑。通面阔15.2米，通进深11米，占地面积167平方米。中存天井，斜撑保存尚好，砖雕门罩，青石板铺地面。

倪朋泽宅

位于祁门县渚口乡渚口村前街组，建于民国时期。坐西朝东，一进三开间徽派砖木结构二层建筑。通面阔10.5米，通进深10.5米，占地面积110平方米。前设天井，一厅二厢。屋内存有少量木雕斜撑。

倪月英宅

位于祁门县渚口乡渚口村西边组，建于民国时期。坐北朝南，一进三开间徽派砖木结构二层建筑。通面阔8.9米，通进深8.2米，占地面积73平方米。一厅三厢房一楼梯，无雕刻。

排云亭

位于黄山区黄山风景区西海景区，前临西海大峡谷，背倚丹霞峰，建于民国二十九年（1940）。六柱矩形牌坊式花岗岩石亭。面阔5米，进深4米，脊高5米。背墙与两侧山墙后半间围砌条石，自然岩体地坪。歇山式屋顶，大石板屋面。亭内设条形石凳。正额镌隶字『排云亭』，款署『庚辰十月建，龙游余绍宋』。2013年作为黄山登山古道及古建筑的组成部分被列为全国重点文物保护单位。

潘翠月宅

位于歙县杞梓里镇五春村长湾岭，建于民国时期。坐南朝北，一进三开间楼房。通面阔8米，通进深9.7米，占地面积77.6平方米。大门有简易门楼，门楼砖雕被破坏。

潘大全宅

位于歙县桂林镇西坑村，建于民国时期。坐东朝西，一进三开间砖木结构二层建筑。通面阔4.2米，通进深6米，占地面积24.2平方米。

潘德林宅

位于歙县桂林镇西坑村，建于民国时期。坐东朝西，一进三开间砖木结构二层建筑。通面阔5.85米，通进深8.72米，占地面积51平方米。

潘发来宅

位于歙县王村镇新安村潘村自然村，建于民国时期。坐西朝东，一进三开间砖木结构二层建筑。通面阔9米，通进深11.3米，占地面积101.7平方米。门楼两侧有小砖雕。

潘芙蓉、姚桂花宅

位于歙县徽城镇紫阳村，建于民国时期。坐南朝北，通面阔3.4米，通进深6.1米，占地面积20.7平方米。砖木结构二层建筑。

潘福男等宅

位于黟县宏村镇龙江村下轴组，建于民国时期。坐北朝南，开间12.75米，进深11.65米，占地面积150.9平方米。五开间上下厅中天井带二厢二层建筑。左厢侧门为入口大门，屋外厨房设楼梯。

潘根成宅

位于歙县桂林镇西坑村，建于民国时期。坐西朝东，一进三开间砖木结构二层建筑。通面阔8.6米，通进深7米，占地面积60.2平方米。大门有门楼，门楼有精美砖雕。

潘观忠宅

位于歙县桂林镇西坑村，建于民国时期。坐西朝东，一进三开间砖木结构二层建筑。通面阔7.45米，通进深10.4米，占地面积77.5平方米。

潘国胜宅

位于歙县桂林镇西坑村，建于民国时期。坐东朝西，一进三开间砖木结构二层建筑。通面阔4.35米，通进深8.55米，占地面积37.2平方米。

潘国武宅

位于婺源县中云镇桃溪村孔村自然村。潘信昌在上海城隍庙开茶庄致富，遂于民国初期兴建此屋。主屋坐东朝西，三开间带二厢三层建筑。面阔12.4米，进深15.6米，占地面积195平方米。内设三披水檐天井。大门开在边厢。主屋后余屋为厨房和杂物间。2005年被列为婺源县重点文物保护单位。

潘吉海等宅

位于歙县金川乡长春村，建于民国时期。坐北朝南，二进三开间带天井。通面阔10.4米，通进深14.81米，占地面积154.02平方米。内有木雕，大门有门楼。

潘继发宅

位于歙县桂林镇西坑村，建于民国时期。坐西朝东，二进三开间砖木结构二层建筑。通面阔4.6米，通进深10.8米，占地面积49.7平方米。

潘继文宅

位于歙县桂林镇西坑村，建于民国时期。坐西朝东，一进三开间砖木结构二层建筑。通面阔8.15米，通进深9.05米，占地面积73.8平方米。

潘家祠堂

位于歙县桂林镇西坑村，建于民国时期。坐南朝北，二进三开间砖木结构二层建筑。通面阔11.7米，通进深19.4米，占地面积227平方米。外有走廊。

潘九乐宅

位于歙县北岸镇白杨村汪村自然村，建于民国时期。坐北朝南，二进三开间。通面阔10米，通进深13米，占地面积130平方米。简易门楼，无砖木雕刻。

潘开文宅

位于歙县王村镇新安村潘村自然村，建于民国时期。坐东朝西，一进三开间砖木结构二层建筑。通面阔9.05米，通进深6.52米，占地面积59.01平方米。墙上有绘画和语录。格子窗。

潘来顺宅

位于黟县美溪乡庙林村庙上组，建于民国时期。坐东朝西，开间10.8米，进深12.7米，建筑面积137.2平方米。上厅下堂三开间带二厢有天井二层建筑。正前面大门，右边间后上楼。前廊部设卷棚轩。

潘立新宅

位于歙县三阳镇三阳村老街，建于民国时期。二进三开间一明堂。通面阔9米，通进深11.5米，占地面积103.5平方米。

潘明旭宅

位于歙县桂林镇西坑村，建于民国时期。坐东朝西，一进三开间砖木结构二层建筑。通面阔6.5米，通进深9.4米，占地面积61.6平方米。

潘任侠宅

位于黟县碧阳镇关麓村潘村组，建于民国时期。坐南朝北，开间10.75米，进深7.7米，占地面积82.8平方米。三开间砖木结构二层建筑。木构架承重，木构配件、隔扇门窗等制作较好，砖门楼雕刻精致。

潘天汉宅

位于歙县桂林镇西坑村，建于民国时期。坐东朝西，一进二开间砖木结构二层建筑。通面阔5米，通进深7.5米，占地面积37.5平方米。

潘天助等宅

位于歙县金川乡长春村一组，建于民国时期。坐南朝北，二进三开间带天井楼房。通面阔10.8米，通进深14.4米，占地面积155.52平方米。内设天井。上堂等处有雕刻。

潘婉香宅

位于歙县徽城镇斗山街，建于民国时期。坐西朝东，由三栋三开间带二厢二层建筑组成。通面阔15米，通进深23.4米，占地面积约351平方米。每进平布局基本相同，前进有悬挑木构门廊，天井上覆盖明瓦天棚，后为中厅，左侧为厨房，窗栏板雕花卉或『百子图』等，红漆髹饰。2006年被列为歙县重点文物保护单位。

潘小根宅

位于歙县王村镇新安村潘村自然村，建于民国时期。大门朝南，二进三开间砖木结构二层建筑。通面阔11.1米，通进深6.4米，占地面积64.64平方米。门楼有砖雕。大冬瓜梁1根，雀替2块；小冬瓜梁4根，雀替8块；木雕梁板1块。

潘元仂、周中华宅

位于歙县桂林镇西坑村，建于民国时期。坐东朝西，一进三开间砖木结构二层建筑。通面阔9.6米，通进深6.8米，占地面积65.3平方米。

潘月香等宅

位于歙县三阳镇小岫村，建于民国时期。一进三开间砖木结构楼房。通面阔10.1米，通进深8.6米，占地面积87平方米。与相连的洪社海等宅为兄弟屋，样式、面积相同。

潘岳明等宅

位于歙县三阳镇浩川村，建于民国时期。坐东朝西，二进三开间。通面阔9.8米，通进深14.06米，占地面积137.8平方米。暗三层。

潘昭煊宅

位于歙县桂林镇西坑村，建于民国时期。坐西朝东，一进三开间砖木结构二层建筑。通面阔5.9米，通进深7.9米，占地面积46.4平方米。

潘昭昭宅

位于歙县桂林镇西坑村，建于民国时期。坐西朝东，一进三开间砖木结构楼房。通面阔5.5米，通进深8.6米。占地面积47.3平方米。内部结构简单。

潘照劲宅

位于歙县桂林镇西坑村，建于民国时期。坐西朝东，一进三开间砖木结构二层建筑。通面阔9.5米，通进深7.8米，占地面积74.1平方米。

潘政安宅

位于歙县三阳镇高升村燕窠自然村，建于民国时期。一进三开间二层建筑。通面阔7.31米，通进深9.12米，占地面积66.7平方米。后进厢房，西厢房中间为楼梯。

潘政日等宅

位于歙县金川乡长春村一组，建于民国时期。坐北朝南，二进三开间带天井。通面阔10.6米，通进深12.2米，占地面积129.32平方米。天井照壁，有大梁。

彭玉兰宅

位于黟县碧阳镇钟山村余光组，建于民国时期。坐北朝南，开间9.15米，进深6.5米，占地面积59.5平方米。三开间带二厢有天井砖木结构二层建筑。

平公桥

位于黄山区耿城镇沟村村西，建于民国时期。占地面积31.33平方米。三孔平板桥，两桥墩，桥面为三石条组成。花岗岩材质。

祁门茶山公园

位于祁门县茶山公园，原为民国时期祁门茶业改良场的自建茶山，建有连片梯田式茶山约66.7万平方米，目前保留有梯田茶山约13.3万平方米。茶山上现建有市民广场，是群众集聚、休闲、娱乐的重要场所。保护范围包括茶山脚下的县委会大院，院内保留有与原茶业改良场有关的历史建筑，包括原改良厂办公楼、厂房、宿舍、原苏联专家住所等建筑。2017年被列为黄山市重点文物保护单位。

祁门茶业改良场

位于祁门县平里镇平里村，是农商部于民国四年(1915)设立的最早的中国茶叶技术改良机关，当时称为『农商部安徽模范种茶场』，历经国立、省立，名称亦多次变更。现留存办公楼1座，厂房6座，大烟囱1个。厂房内有部分制茶机器，有最早的脚踩式茶机，20世纪30年代德国克虏伯茶机、苏联茶机以及中华人民共和国成立后国产茶机。2017年被列为黄山市重点文物保护单位。

洽河二十七烈士墓

位于歙县武阳乡洽河村。墓园占地面积260平方米，建筑面积160平方米。1949年4月24日，中国人民解放军某部为彻底消灭往浙江逃窜的国民党残部，保护人民的生命和财产安全，在洽河村后的龙王尖、村东大月岭一带奋不顾身地同敌人进行了顽强的搏斗，取得了胜利。在激战中，解放军不幸牺牲27位战士。这27位烈士姓名籍贯不知，遗体当时被收埋于武阳乡方村方岭下组，1956年迁葬于现址，1969年第一次改建，1978年第二次改建，建立纪念墓碑。2006年被列为歙县重点文物保护单位。

前山祠堂

位于歙县霞坑镇萌坑村村头，系凌氏宗祠，建于民国时期。坐东朝西，三进五开间。通面阔9.2米，通进深19.9米，占地面积200平方米。大门门罩为四柱三间门楼式。梁枨、斜撑、雀替等有木雕，部分柱子霉烂。

钱初法宅

位于黟县宏村镇屏山村，建于民国时期。坐北朝南，开间16.5米，进深7.8米，占地面积121.9平方米。三开间带二厢有天井二层建筑。左厢耳门通偏厅，偏厅建筑建于清末，为二开间带二厢有天井二层建筑。

钱高荣宅

位于歙县王村镇新安村烟村自然村268号，建于民国时期。坐东朝西，一进三开间砖木结构二层建筑。通面阔9.8米，通进深6米，占地面积58.31平方米。有院子。

钱来英等宅

位于歙县雄村镇夏坑村六组，建于民国时期。坐北朝南，一进三开间带厢房二层建筑。通面阔10.2米，通进深10.82米，占地面积110.36平方米。有格子窗，有冬瓜梁，两边有厢房，方形石柱础。

清凉顶

位于黄山区黄山风景区北海景区狮子峰腰『清凉正顶』石刻下方。民国八年(1919)，峨眉僧法空由普陀山至黄山，得人相助，建寺于此。三开间，面阔10.65米，进深6.8米。石木结构，内立4列3排12根红漆立柱，彩绘梁枋，小青瓦屋面。2016年被列为黄山风景区重点文物保护单位。

邱桂芳宅

位于黟县碧阳镇北街社区，建于民国时期。坐西朝东，开间10.9米，进深6.8米，占地面积74.1平方米。三开间有天井砖木结构二层建筑。木构架承重，木构架、装修等较完整，构配件、隔扇等基本完好。

人民路48-20号宅

位于歙县徽城镇解放街，建于民国时期。坐西南朝东北，通面阔9.6米，通进深10.18米，占地面积97.7平方米。砖木结构二层建筑。

任通明宅

位于祁门县历口镇西塘村阳山组，建于民国时期。坐东朝西，一进三开间徽派砖木结构二层建筑。通面阔10.4米，通进深9.6米，占地面积100平方米。砖雕彩绘双面门罩，前设天井采光通风，屋内斜撑、雀替、隔扇等雕刻精细，青石、木地板铺设地面。

撒灶信宅

位于黟县碧阳镇古黄村黄村组，建于民国时期。坐西朝东，开间9.25米，进深6.45米，占地面积59.7平方米。三开间带二厢无天井砖木结构二层建筑。

三幢堂

位于歙县昌溪乡双源村下坝自然村，建于民国初期。两堂相连，坐东北朝西南。各堂室大小均等，每堂面阔8.9米，进深12.9米。天井环抱中央，建筑格局相同。厢房窗栏木雕较精致。

散花精舍

位于黄山区黄山风景区北海景区贡阳山麓散花坞对面，建于民国三十五年（1946），1994年改建。民族式二层建筑。占地面积344平方米，建筑面积1150平方米。花岗岩石墙，原为白铁皮屋面。现为北海宾馆别墅。2016年被列为黄山风景区重点文物保护单位。

邵春九等宅

位于黟县碧阳镇石亭村，建于民国时期。坐东北朝西南，开间11.3米，进深21.55米，占地面积243.5平方米。三进三开间带二厢二天井二层建筑。有隔扇门窗、横风窗、楼行栏杆、飞罩等精美木装修和精致的大门砖雕门楼，中进前檐大梁上有完整的人物雕刻。

邵芳榴宅

位于绩溪县伏岭镇江南村36号，建于民国初期。坐东朝西，占地面积71平方米。一进三开间二层建筑。南北厢房，抬梁穿斗并用式梁架，三合土地坪，外围封火墙，正厅前向为人字轩顶，二楼有矮窗装饰。室内的挂落、斜撑、雀替雕刻精美。

邵千峰宅

位于绩溪县伏岭镇伏下村193号，为伏下村邵氏下门派支，建于民国初期。坐北朝南，占地面积82平方米。一进三开间二层建筑。撑拱承挑出檐，前置天井，三合土地坪，外围封火墙，室内的狮撑、挂落、窗栏板、雀替雕刻精美。

邵润荪宅

位于黟县碧阳镇石亭村，建于民国时期。坐北朝南，开间10.6米，进深8.15米，占地面积86.4平方米。三开间带二厢有天井二层建筑。有隔扇门窗、飞罩、横风窗和砖雕门楼等砖、木、石雕木构配件，制作较精致。

邵三华宅

位于歙县霞坑镇崇头村，建于民国时期。坐北朝南，一进三开间。通面阔6.9米，通进深10米，占地面积69平方米。屋内有雕刻，大门门楼有漏窗和简易砖雕。

邵文英等宅

位于黟县碧阳镇石亭村，建于民国时期。坐北朝南，开间11.3米，进深14.9米，占地面积168.4平方米。一进三开间上下堂一天井二层建筑。照壁后上楼，隔扇门窗、横风窗、飞罩等木装修制作工艺较精湛。

邵元宅

位于歙县三阳镇中村，建于民国时期。坐北朝南，一进三开间二层建筑。通面阔6.8米，通进深6.1米，占地面积41.5平方米。有旁门及门楼。

舍会山皖赣特委会址

位于祁门县祁红乡永胜村舍会山组15号，坐北朝南，一厅带四厢二层木楼。会议在楼上召开，北侧墙设有一逃生门，直通后山山路。会址为农户郑土子宅，系黄土筑成，2009年初步维修。1985年被列为祁门县重点文物保护单位。

施银枝宅

位于黄山区谭家桥镇中墩村下江组，建于民国时期。二进三开间。占地面积92.4平方米，高约4米。木架结构穿斗式，水门汀地面，地沟式天井，板壁墙，前后进有阁楼（半跑马楼式）。天棚无望砖（板）。中柱到顶。

石秉根宅

位于绩溪县上庄镇石家村13号，建于民国时期。坐南朝北。占地面积155.3平方米。分前后两进，前后天井，撑拱承挑出檐，天井檐部装置矮窗，二楼通转，硬山式屋顶，外砌封火墙，抬梁穿斗并用式梁架，方砖地坪，大门开在北檐墙，门框上方是五飞砖门罩，砖雕完整，室内有装饰件斜撑、雀替、窗门、隔扇，雕刻精美。

石仁珍宅

位于绩溪县上庄镇石家村11号，建于民国时期。坐南朝北，占地面积136.5平方米，上下对堂。二楼通转，中设天井，撑拱承挑出檐，檐部有矮窗装置，内装饰构件有狮撑、人物撑拱、雀替、窗门镂空花果嵌玻璃，遮饰板分别雕饰山水人物和花鸟图案。东西两厢过道饰花卉夔纹挂落。

寿

位于黄山区黄山风景区松谷景区，题刻于民国时期。刻于翡翠池侧崖壁。纵3.4米，横2.7米。两旁题刻对联：『普慈莲花大生大化，黄山妙果寿世寿人。』2013年作为黄山摩崖石刻群的组成部分被列为全国重点文物保护单位。

舒广富宅

位于黟县宏村镇屏山村，建于民国时期。坐东北朝西南，开间24.46米，进深6.03米，占地面积110.6平方米。四单元二层建筑。第一单元为一进二开间，第二单元为一进三开间统厢廊，第三单元为一进三开间统厢廊，第四单元为厨房。

舒继武宅

位于黟县宏村镇屏山村，建于民国初期。坐北朝南，开间13.62米，进深6.47米，占地面积88.1平方米。三开间带二厢二层建筑。左厢耳门通外巷路，右厢耳门通厨房，有天井、门楼。

舒继元宅

位于黟县宏村镇屏山村，建于民国时期。又名『挹文书屋』。坐北朝南，开间10.86米，进深21.02米，占地面积217.4平方米。二进三开间带走廊二层建筑。走廊前为庭院。

舒建成宅

位于黟县宏村镇屏山村，建于民国时期。坐北朝南，开间8.9米，进深9.87米，占地面积87.8平方米。三开间带二厢二层建筑。有天井及大门砖雕门楼。

舒金华宅

位于黟县宏村镇屏山村，建于民国时期。坐北朝南，开间14.47米，进深13.3米，占地面积192.5平方米。三开间上下厅中天井带二厢二层建筑。左厢侧耳门通厨房，厨房左侧有门通外巷路。门楼保存较好。

舒立民宅

位于黟县宏村镇屏山村，建于民国初期。坐北朝南，开间10.92米，进深7.33米，占地面积80平方米。三开间带二厢二层建筑。大门入口设在东厢内，左厢侧耳门通厨房，有天井。斜铺大方砖地面，木构架和构配件及隔扇门窗保存较好。

舒秋华宅

位于黟县宏村镇屏山村，建于民国时期。坐西北朝东南，开间10米，进深4.38米，占地面积43.8平方米。三开间二层建筑。照壁后上楼。

舒荣甲宅

位于黟县宏村镇龙江村江村二组，建于民国十八年(1929)。坐北朝南，开间7.95米，进深5.4米，占地面积42.9平方米。三开间有天井二层建筑。正面大门为入口，后门通厨房，照壁后上楼。

舒世禄宅

位于黟县宏村镇屏山村，建于民国时期。坐北朝南，开间8.97米，进深5.41米，占地面积48.5平方米。三开间二层建筑。两侧房间，右院通厨房，右院门通巷路。

舒淑婉宅

位于黟县宏村镇屏山村，建于民国时期。坐南朝北，开间8.86米，进深8.73米，占地面积77.3平方米。三开间二层建筑。照壁后上楼，后檐后为平房厨房。

舒顺娣、查林祥宅

位于黟县宏村镇大同村郭村组，建于民国时期。坐北朝南，开间10.12米，进深9.24米，占地面积93.5平方米。三开间厅堂式带二厢有天井二层建筑。左厢耳门通厨房，右厢耳门通巷道，砖雕门楼保存较好，木构配件及隔扇门窗制作较好。

舒绣文故居

位于黟县宏村镇屏山村，建于民国时期。坐北朝南，开间14.8米，进深12.4米，占地面积229平方米。前后进三开间带统走廊二层建筑。前进有敞开式隔扇门，右厢耳门通偏厅，偏厅前院有门通他屋，偏厅后为房间。正厅右侧后檐墙设门通外巷道，大门前左设门通内巷道，巷道左通厨房。三合土斜方格地面，砖、木、石构配件及装修等制作较好。2004年被列为安徽省重点文物保护单位。

舒永松宅

位于黟县宏村镇朱村，建于民国时期。坐东朝西偏南，开间8.7米，进深7.6米，占地面积66.1平方米。三开间带二厢有天井二层建筑。左厢侧耳门通厨房，照壁后上楼。木构架、装修及构配件制作较好。

舒运转宅

位于黟县西递镇叶村，建于民国时期。坐东朝西，开间9.1米，进深6.36米，占地面积56平方米。三开间带二厢有天井二层建筑。大门前有一小院，左拐为厨房。

舒中桂、胡丽华宅

位于黟县碧阳镇横岗村，建于民国时期。坐东朝西，开间10.3米，进深11.3米，占地面积116.4平方米。一进三开间上下厅中天井二层建筑。木构架保护尚好，隔扇门窗和木雕构配件保存相对完整。

帅雪景宅

位于歙县雄村镇朱村一组，建于民国时期。坐北朝南，一进一开间二层建筑。通面阔4米，通进深6.8米，占地面积27.2平方米。大门有门楼，方形石柱础。

帅正林宅

位于歙县雄村镇朱村一组，建于民国时期。坐北朝南，一进三开间二层建筑。通面阔9.95米，通进深4.7米，占地面积46.7平方米。楼梯在客厅左侧，方形石柱础。

帅正中宅

位于歙县雄村镇雄村荃村组，建于民国时期。坐北朝南，通面阔10.3米，通进深10.25米。有斜撑，格子窗。

水口庙

位于歙县三阳镇竹源村村口，建于民国时期。坐东南朝西北，一进三开间。通面阔3.9米，通进深5米，占地面积19.5平方米。

思礼庭

位于黟县碧阳镇关麓村，系汪氏家祠，建于民国时期。坐东朝西，通面阔7.7米，通进深23.35米，占地面积179.8平方米。三进三开间二天井砖木结构建筑。木构架承重，三开砖空斗墙围护，小青瓦屋面。

松潭抗战宣传画

位于祁门县祁红乡祁红村松潭自然村戴氏宗祠两侧。1939年，中共赣北特委书记汪挽华来到拜堂石村（今松潭自然村）村民戴声鸿家，将1932年成立的党小组扩建为支部。支部成立后以公堂祠会财产作为基金筹建小学，聘请两位地下党员担任教师，建立『松涛图书室』，同时以墙报为载体，刊出了『团结御侮，枪口一致对外』『有钱出钱，有力出力』『皖南是埋葬敌人的墓地』等一系列爱国标语和宣传画。